도쿄의
가장 밑바닥

일러두기

1. 이 책은 마쓰바라 이와고로松原巖五郎(1866~1935)가 겐콘 이치호이라는 필명으로 쓴『最暗黑の東京』(1893, 민유샤)를 우리말로 옮긴 것이다.
2. 사진은 저자가 메이지 말 혹은 다이쇼(1912~1926) 초에 촬영한 것이다.
3. 삽화는 구보타 긴센久保田金僊이 그린 것이다.
4. 본문 하단의 1, 2, 3…으로 된 주석은 일본어판 원서에 실린 것이고, ●로 표시된 것은 옮긴이 주다. 본문의 괄호 속 설명도 옮긴이가 단 것이다.

도쿄의
가장 밑바닥

겐콘 이치호이 지음
김소운 옮김

빈민가
잠입
취재기

글항아리

겐콘 이치호이(본명 마쓰바라 이와고로, 1866~1935).
메이지 말 혹은 다이쇼(1912~1926) 초에 촬영

책머리에

이미 『고쿠민 신문』의 지면을 통해 세상의 갈채를 받은 글이다. 바야흐로 그 진수를 뽑아서 절반 이상을 새로운 소재로 보강했다.

암울한 도쿄란 어떤 곳인가? 사람들로 북적이던 기친야도木賃宿의 실태는 어떠했나? 잔반야란 무엇을 파는 곳인가? 빈민구락부貧民俱樂部를 조직한 사람은 누구인가? 굶주림이 준 가르침은 무엇인가? 기한굴飢寒窟의 경제는 어떠했나? 가난한 이유는? 빈천지貧天地에서 돈을 융통한 방법은? 빈민가의 전당포를 아는가? 어린아이와 고양이가 재산이 되는 때는? 신도시는 어느 방면에 있나? 날개 돋친 듯 치솟은 동전의 인기는 무엇 때문인가? 좌식산공坐食山空이란 말은 무슨 뜻인가? 황금과 휴지조각 중 어느 것이 더 비싼가? 늙은 차부의 비애란? 전쟁 같은 생활의 실상은? 하층민의 분노를 폭발시킨 도화선은? 차부가 먹는 음식은 무엇일까? 하급 음식점의 최고 고객은 누구

였나? 음식점의 하녀는 어떤 일을 했나? 노동자의 고과 기록에는 무엇이 있나? 날품팔이 노무자의 수는 얼마나 되었나? 유부남과 독신자의 형편은 어떠했나? 야시장의 경기는 어떠했나?

그 외에 경매시장과 아침 장의 풍경, 그리고 분큐센文久錢 시장의 모습은 어떠했나를 다룬다.

이런 모든 궁금증을 풀고 싶다면, 직접 암울한 도쿄에 와서 배워라. 그는 빈천지의 예심판사이자 기한굴의 변호사였고, 영세민을 관찰하는 현미경이자 동시에 밑바닥 민초들을 들여다보는 망원경이었다.

차례

머리말

가장 큰 의문은 그들의 생활상이었다. 당시는 귀하신 고관대작부터 천한 거지에 이르기까지 돈 벌어서 입에 풀칠하느라 아등바등하던 시절이다. 그들은 과연 무슨 낙으로 살았고, 어떤 기쁨과 슬픔과 괴로움을 맛보았으며, 무엇 때문에 희망을 품고 또 절망했는가. 이 책은 기자가 암울한 세계에서 실제 생활하며 겪었던 경험담만을 엮었다. 자비로운 신에게 버림받고 가난뱅이가 된 어느 날 아침, 나는 집을 나와 도테라緼袍[방한용 전통 외투] 차림으로 햇볕을 피하다가 저녁에야 추위와 굶주림이 만연한 암울한 굴속으로 들어갔다. 그렇게 500여 일을 암담한 세상에서 같은 처지인 사람들과 부대끼며 목숨을 부지하는 동안, 일자리를 갈아치운 횟수만도 서른 번. 빈천지에서 지낸 시절에 맞닥뜨렸던 온갖 일과 각별한 인연을 아련한 기억에 의지하여 기록한 이 글을 통해 세상의 어진 이들에게 호소하는 바다.

모년 모월, 일요일. 기자 친구 몇몇과 함께한 회식 자리에서 마침 런던의 거지 이야기가 나왔다. 왼손에 든 검은 멘파오黑麵包(검은 빵)를 먹으며 불끈 쥔 오른손 주먹으로 부호를 쓰러뜨린 외국 거지 이야기는 참으로 진기하다. 영국의 총파업, 프랑스의 공산당이나 프로이센露[1]의 사회당, 허무당虛無黨 사건이 일어난 까닭을 조사해보니, 거기에는 반드시 극도로 암담한 현실이 존재했다. 이야기하는 사람은 모두 한가락 하는 인물이거나 내로라하는 유지 집안의 햇병아리, 아니면 당대를 주름잡던 정치가 집안의 유망주들이다. 자연히 온 세상 사람들이 패기만만한 신진기예의 비난을 뒤집어썼지만, 기자의 마음을 사로잡는 대목은 추호도 없었다. 때마침 풍년이어서 오곡백과가 무르익었건만 쌀값은 줄기차게 오르고 영세민은 굶주림에 시달렸으며, 사방에서 굶어 죽었다는 소리만 들린다. 반면에 이런 별천지도 있다. 그곳은 이름 없는 연회[2]가 밤낮으로 열리고 환락하는 목소리가 사방팔방에 들끓으며, 만세 환호가 장안에 가득하다. 어제까지만 해도 평범하다고 생각했던 사회가 별안간 기묘하게 느껴진다. 손을 쳐들면 구름이 피어오르고 다리를 뻗으면 물결이 이는 세계. 이 판국에 어찌 홀로 책을 읽으며 학문에 정진할 수 있겠는가. 그래서 큰 뜻을 가슴에 품고 암담한 세상에 몸소 실낱같은 광명의 빛이 되기로 각오했다. 영세민의 진솔한 생활상을 붓끝에 담을 날을 기약하며, 돌아가고 싶은 마음을 모질게 다잡고서, 추위와 굶주림에 허덕이는 밑

1 프로이센孛漏生과 러시아露西亚를 말함. 또한 프러시아는 普魯西라고 표기했다. 프러시아는 프로이센의 영어명.

2 無名の宴會. 명분 없는 연회

바닥 백성의 소굴에 몸을 던진다.

내게 자격이 있든 없든, 누가 성원하든 말든, 일단 행동에 옮기려고 한다. 한 개인의 학문과 지식, 지혜와 노고, 그리고 건강이 이 암울한 세계에 얼마만큼이나 행복한 삶을 안겨주는지를 확인하려면, 평생 다시 못할 산 경험을 해야 한다. 그래야 빈민굴 탐험가로서, 학문을 연마하는 사람으로서 나 자신을 아는 데도 크게 이로울뿐더러 가난한 이들과 동고동락하는 것이 한시적인 과업으로 끝나지 않을 수 있기 때문이다. 즉, 밑천 한 푼 없고 명성은커녕 가진 거라고는 맨몸 하나뿐인 천애의 가난한 방랑자로서, 몇 년간 암울한 세계에서 식객 노릇을 하기로 작정했다.

그럼 지금부터 천애의 가난한 떠돌이가 암울한 세계의 식객이 되기까지 있었던 일을 설명하겠다.

바야흐로 9월 하순. 작열하는 늦더위가 여전하니 뜨겁게 달궈진 길 위로 말들이 모래를 박차고 달려가고, 차들은 흙먼지를 날리며 지나간다. 물을 뿌리자 먼지가 모락모락 피어오른다. 푹푹 찌는 찜통더위로 행인들은 물론이고 노동자의 고초는 더더욱 이만저만이 아닌 까닭에 거리에서 왕왕 더위 먹은 사람을 본다. 이럴 때면 어김없이 펼쳐지는 삽화 같은 광경이 있다. 떼 지어 구걸하는 아이들, 처마 밑에 서서 아침 장에서 팔다 남은 오이나 생가지를 베어 먹는 사람, 운좋게 한 무더기에 5린厘(린은 1엔의 1000분의 1, 1센錢의 10분의 1)인 짓무른 복숭아를 얻어 아쉬운 대로 허기를 채우거나 온 동네 쓰레기장을 뒤져 쉰밥이나 썩은 생선뼈를 주워 먹는 사람들의 모습을 보면 모골이 송연해진다.

하지만 지금은 그 역시 거지다. 아직은 구걸하는 아이처럼 옷이 해지지 않고 땟국이 줄줄 흐르지 않지만, 요 며칠 굶주림과 갈증을 참으며 노숙한 탓에 부쩍 초췌해진 몰골은 누가 봐도 빈천지 출신임이 분명하다. '각설이 떼에게서는 장타령밖에 나올 것이 없다'고, 이곳 아이들은 팔자려니 하며 밑바닥 인생이 전부인 줄 알고 자란다. 길가의 경찰관도 일거리를 기다리는 날품팔이라고 생각했는지 굳이 그를 타박하지 않았다. 행인들도 한낱 불쌍한 거지로만 여길 뿐 괘념치 않았다. 불볕더위를 견뎌야 했으므로 머리에 밀짚 삿갓 하나 쓰고, 양 소맷자락에는 짓무른 자두를 숨긴 채 거지 떼가 노는 야나카谷中(도쿄 다이토台東구 우에노 공원 서북쪽 지역)의 묘지 근처로 갔다. 자두를 먹으면서 홀연히 나타나자, 시기 어린 눈으로 꼬나보거나 수상쩍어하는 눈초리로 핀잔을 주는 자가 있긴 하다. 그래도 그들과 한패라고 눈짓을 보내면 옳다구나 하고 패거리에 끼워주므로 함께 밥을 동냥하고 나병 환자 간병하는 일도 얻을 수 있다. 하루속히 그들의 형편이 나아져 동냥 대신 이 굴의 새로운 손님으로서 사 먹는 날이 오면 좋으련만. 꿈이 너무 야무진가. 당시 빈민굴 탐험가인 그의 꼬락서니는 실로 이러했다. 요컨대 노숙, 굶주림과 갈증, 서서 자두 먹기

등은 타락한 예비 대학생인 그가 암흑 대학의 입학을 하루 앞두고
수행한 과업이었다.

1. 빈민가의 야경

날은 저물고, 암담한 세계로 출발할 시각이 다가왔다. 작별을 고하고 빈천지 대학에 입문한 학생은, 정체를 종잡을 수 없는 초췌한 몰골의 부랑자가 되어 우에노산을 슬슬 걸어 내려간다. 어느덧 먼발치에 그림 같은 풍경이 눈에 들어온다. 흡사 증기기관차를 이어놓은 듯한 무네와리나가야棟割リ長屋(한 채를 벽으로 칸막이해 여러 가구로 나눈 기다란 집)가 동서로 길고, 남북으로 짧게, 비스듬히, 가로세로로 줄줄이 들어서 있다. 왼편에는 사찰 묘지가, 그 오른편에는 상가의 출입구 구실을 하는 요자凹字 혹은 철자凸字 형태의 구역이 있다. 이 일대가 바로 부府의 관할지역인 15구역에서 가장 많은 수의 폐가가 집결된 빈민굴이다. 시타야 야마부시정下谷山伏町(오늘날의 기타우에노北上野)에서 만넨정萬年町, 가미요시정神吉町 등으로 연결되며 최하층민의 터전으로 유명하다.

상가를 빠져나와 이 굴에 한발 들이밀자 방금 대도시에서 돈벌이를 마치고 돌아오는 별의별 희한한 족속들이 눈에 띈다. 곡괭이를 멘 사람, 도시락을 짊어진 사람, 땀에 절어 후줄근해진 작업복을 걸친 사람, 공사판 막노동꾼인 듯 멜대 멘 자리가 닳아버린 군복을 입은 사람…… 삼삼오오 짝지어 돌아오는 이들은 날품팔이꾼으로, 문제의 그 음식점에 가려고 하루 치 품삯 18전을 서둘러 코펙小銅貨3으로 바꾼다. 뒤이어 햇볕에 탄 얼굴이 종이깔개처럼 땀으로 번들거리는 짐수레꾼 부부가 달랑 수건 한 장으로 사랑하는 자식의 배를 싸서 잠자리로 데려간다. 황혼을 맞으며 가는 처량한 얼굴이 영락없이 올빼미를 닮았다. 이어서 등장하는 열두세 살쯤 되는 가난한 소녀들. 언니로 보이는 아이는 샤미센을 안고 있고, 동생도 부채를 들고 볏짚으로 엮은 삿갓을 쓴 채 오늘 번 알량한 동전 몇 푼을 세면서 걸어온다. 이외에도 비칠비칠 걸어가는 라오야羅宇屋(막힌 담뱃대를 수리하거나 청소하고, 판매하는 사람) 영감, 게다(왜나막신)의 굽갈이를 하는 영감, 애들 코 묻은 돈을 뺏어먹는 사탕 장수, 빈 병 사는 아낙네들, 폐지 줍는 사람과 각양각색의 장사꾼들이 길을 오간다. 그리고 유치원생 또래 아이들이 사자탈에 굽 높은 나막신을 신고 춤을 추면서 돈을 타내는 사자춤은 이 구역만의 특별한 볼거리다. 저마다 간호하는 사람을 데려온 아이들은 지칠 대로 지쳐서 삶은 게나 숯불에 구운 수수를 먹으면서 발을 질질 끌다시피 걷다가 넘어지고 나뒹군다.

3 영어로는 코펙Kopeck, 러시아어로는 코페이카копейка. 러시아의 화폐 단위로 루블의 100분의 1. 여기서는 동전을 말한다.

빈민가를 드나드는 요충지인 상점가 사거리에는 다양한 장사꾼이 진을 치고 있다. 저녁에 열리는 해산물 경매시장에 방금 짐을 푼 상인, 덧문짝에다 가지, 오이, 마령서(감자), 토란, 우무, 연근 부스러기 등을 놓고 좌판을 벌인 장수, 혹은 자반연어, 말린 대구, 마른오징어, 고등어, 전갱이 말린 것, 곶감을 파는 이사바야五十集屋一……[4] 그리고 절임반찬을 파는 맞은편 가게에서는 히네 다쿠안ヒネ沢庵(상어가 죽으로 닦은 무를 4~5일 말린 뒤 소금을 넣은 쌀겨에서 숙성시킨 단무지. 황색 색소와 사카린으로 맛을 내는 것이 특징), 가지장아찌, 염교, 매실장아찌를 한 무더기에 100몬文에 판다. 그 옆 대폿집은 가게 앞에서 굽는 닭꼬치와 오징어, 옥수수 냄새로 행인의 길을 가로막는다. 헌 나막신을 파는 토막(움막), 잡동사니, 헌 옷 등 하나같이 빈민굴 주민이나 찾을 법한 상품만 진열해서 저물녘의 거리가 떠들썩하다. 그중에서도 특히 저녁에 열리는 어시장의 생선장수는 민첩한 솜씨로 악어(상어를 말함)와 다랑어의 배를 가르고, 방어와 가다랑어를 요리한다. 그 옆의 여자는 게를 삶아내고, 새우를 골라 담느라 바쁜 사내아이는 괴이한 목소리로 숫자를 외친다. 어시장의 가게에 모인 수많은 사람은 너도나도 그 신선한 고깃덩어리(한 토막)를 사고 싶어한다. 이외에도 살점 붙은 생선뼈를 구해서 돌아가는 사람, 생선회를 주문하는 사람, 구경꾼들이 사방에서 모여들어 인산인해를 이루었다.

가게 앞에 일제히 밝힌 등잔불이 암울한 세상의 야경을 장식한다.

---

4 말린 생선, 자반 등을 파는 어물전. 伊佐葉店라고도 씀.

대폿집에는 많은 노동자가 죽치고 앉아서 술을 마시고, 밥집은 저속한 손님들로 북새통을 이룬다. 허접스러운 만담 공연장은 남녀노소의 관중들로 혼잡하다. 가게 밖에서는 안쪽 무대에서 흘러나오는 소리를 흥얼거리며 손님을 끄는 호객꾼이 보인다. 빈천지 대학의 신입생은 귀를 막고 잡다한 소리를 뒤로한 채, 곧장 칠흑 같은 어둠 속으로 들어간다. 막 파장하려던 참이라 야경은커녕 연기가 피어오르는 헌등簷行燈(처마에 다는 전등)조차 보이지 않았다. 이곳이 바로 인생 막장으로 내몰린 각양각색의 족속이 섞여 있는 기친야도다. 그래서 일단 이 집을 빈천지 대학 과정에서 치러야 할 첫 번째 과업이라 생각하고, 발길을 돌려 안으로 들어갔다. 오늘 밤 이 소굴에서 함께 지내며 빈천지 일부를 대표하는 각종 인물과 그들의 생활 실태를 관찰하기로 했다.

2. 기친야도

기친야도에 들어가 맨 처음 본 것은 가게에 잔뜩 쌓인 잡동사니라고나 할까. 구경 삼아 잠시 도붓장사, 장돌뱅이, 유랑연예인, 전국 사찰을 돌며 참배하는 센가지 승려千ヶ寺僧,[5] 성지 순례하는 무리와 어울렸다. 여행자처럼 인생이 얼마나 우스꽝스럽고 기이한 이야기로 가득하던지. 지금은 그 소설의 첫 회를 마치고 이곳(도시)에서 잠시 휴식하는 때란다. 장삿길에 도붓장사가 말에 싣고 갈 갖가지 도구상자, 곡예사들이 곡예를 펼칠 자리를 설치할 때 쓰는 자루가 긴 양산, 천막과 천막용 장대, 24배二十四拜[6]하는 사람들이 어깨에 메고 다니는 궤負い櫃(오이비쓰 또는 오이히쓰라고도 함), 성지 순례하는 사람들의 삿갓과 석장이나 지팡이 종류, 오랜 여행의 여독이 묻어나는 닳아서 해진 설피(눈 위에서 신는 짚신)에 이르기까지. 숙박하는 자들로 문전성시를 이루는 곳임을 역력히 보여준다. 우선 예를 하나 들자면, 숙박료

5 발원하면서 천 개의 사찰(많은 사찰)을 90참배하는 승려를 말함. 주로 법화종 승려와 신도가 하며 이것을 센가지 참배千箇寺参り라고 한다.

6 정토진종淨土眞宗의 창시자 신란親鸞(1173~1262)이 도쿄쿠東國로 내려갈 때 신도들이 의지할 사람으로 선택한 24인의 제자를 말한다. 또한 이 사람들의 유적 혹은 유적이 남아 있는 사찰을 순례하는 사람을 일컫기도 한다.

로 3센을 내면 여인숙 주인이 명령조로 주의 사항을 읊어댄다. 지시한 대로 신발을 종이쪼가리로 이어서 마루 밑에 던져넣고 안내하는 곳으로 따라가자 다다미가 20장 정도 깔린 삼간통三間開放し의 객실이 나온다. 가운데 기둥에 걸어놓은 양철상자 속 램프가 실내를 밝히는 등이라니. 이미 대여섯 명의 숙박객이 저마다 한구석씩 차지하고 있다. 통으로 자른 다섯 치(15센티미터)가량의 삼나무를 베개 삼아 반듯이 누운 자가 있는가 하면, 담배합 대용으로 담뱃대를 두드리는 사람도 있다. 또 어떤 이는 조금 전에 말한 램프 아래서 면도칼을 들고 바르게 앉아 연신 턱을 어루만지고 있었다. 실내가 혼잡해지기 전에 미리 수염을 깎아두려는 심산인 듯하다. 새로 온 나는 우측의 어슴푸레한 곳에 자리를 잡았다. 높이 쌓아올린 침구류에서 퍼져 나오는, 때에 찌든 이불귀의 야릇한 냄새가 싸구려 여인숙 특유의 불결함을 연상시켰다. 어디 그뿐인가. 옆에 앉은 늙은 사내는 이른바 아이들을 후리는 인색한 엿장수文久的飴賣り[7]인데, 옷에서 간장 조린 내 같은 악취를 풀풀 풍기며 목덜미와 겨드랑이 밑을 연신 긁어댔다. 본의 아니게 그자가 작은 벌레를 물어 죽이는 모습을 보다 못한 내가 따분해서 자리를 옮기려고 막 기회를 엿보던 참에 너덧 명의 손님이 우르르 들어왔다. 보아하니 모두 공사판 막노동꾼, 날품팔이꾼 같은 인사들이고 상반신에 속옷 한 장 달랑 걸친 뒤밀이꾼(수레나 차 따위의 뒤를 밀어주는 일을 업으로 하는 사람)이나 늙은 차부도 있다. 이어

---

7 아이들을 꼬드기는 엿장수飴屋로 메이지 중엽 도쿄에서 처음 나왔다. 분큐센文久錢은 4몬文짜리 엽전으로 메이지 시기에는 1린 5모毛의 가치로 통용되었다.

● 문文자 아래 사각형의 구멍이 뚫려 있어서 두 글자를 합치면 인색하다는 뜻의 한자 吝이 된다.

서 부인과 함께 떠돌아다니며 박쥐우산蝙蝠傘(쇠로 만든 살에 방수 처리한 형겊을 씌운 우산)을 수선해서 먹고사는 자가 들어왔다. 부부 슬하에 네 살쯤 된 아이가 있었고, 아내라는 사람은 세상천지의 숱한 싸구려 여인숙을 전전하며 산전수전 다 겪어서인지 쾌활하고 곰살맞았다. 그 방에 묵는 사람들을 보며 "어머, 삼촌들이 참 많다, 그지?" 하고 아이를 어르기에 옆자리로 가서 좌우로 번갈아 인사했다. 곁에서 몰래 생김새를 살펴보니 피부색이 검고, 낮은 코에 입술은 두툼하며 치아는 오하구로鉄漿(쇳조각을 초에 담가 만든 흑갈색의 염색액)로 물들였다. 박색에 어울리지 않게 애교가 넘치고, 하늘과 땅을 집으로 삼고 살지언정 인생을 달관한 듯 만나는 사람마다 친동기처럼 자애로운 눈길로 대한다. 마침 곁에 날품팔이꾼 같은 한 젊은이가 엉성한 솜씨로 터진 속옷의 소매를 깁고 있었는데, 냉큼 뺏어 들고는 농담을 건네면서 말끔하게 기위주었다. 젊은이는 친절을 베푼 그녀에게 연신 고맙다고 인사했다. 그 모습을 곁에서 지켜보는 동안 슬그머니 이런 생각이 들었다. '각양각색의 밑바닥 인생이 뒤섞인 소굴, 기친야도를 이렇게 화목한 가정으로 만들다니 대단한 여자야. 자칫 잘못해서 감옥에 가더라도 죄수를 삼촌, 이모처럼 살갑게 대할걸.' 아나나 다를까, 여자의 밋밋한 가슴에 안겨 있던 아이가 손에 복숭아 두 알을 든 채 신나게 장난치며 좌중을 돌아다닌다. 마지막에는 늙은 엿장수의 어깨에 매달려 익살스러운 동작을 배우는 모습이 어쩐지 한껏 들떠

보였다. 그사이 몇몇 사람이 더 돌아오자 여인숙 주인이 와서는 자리를 만들라고 성화를 해댄다. 저마다 자리에서 일어나 거들었지만, 한 사람당 다다미 한 장(약 182×91센티미터)꼴로 자리를 주니 몹시 갑갑했다. 사실 그것도 많이 봐준 편이다. 모기장 하나에 열 명 이상이 한꺼번에 들어앉으면 견딜 재간이 없다. 푹푹 찌는 날씨가 빚어내는 노무자들의 체취 때문에 숨이 턱턱 막히는 데다, 벼룩도 모자라서 찢어진 모기장 끄트머리로 모기떼가 들어와 극성을 피운다. 이런 처지에도 저 방약무인한 엿장수 옆으로 가지 않기를 간절히 빌었건만 명령이니 어쩌겠는가. 그새 옮았는지 이상하게 무릎 언저리가 근질근질해서 손끝으로 더듬어보니 역시나 작은 벌레 한 마리가 스멀스멀 기어간다. 때와 검붉은 피를 물리도록 먹고 보리알처럼 탱탱하게 살찐 놈을 보니 기가 막혔다. 이걸 내 손으로 죽여야 하나 말아야 하나. 차라리 꿈이라면 좋으련만. 암담한 세계에 몸담을 준비로 일전에 연습 삼아 며칠씩 굶어보고 노숙도 했다. 그뿐 아니라 내심 기대하면서 가난한 사람들에게 넉살 좋게 접근하려고 일부러 타락한 짓까지 해봤건만, 막상 닥쳐서는 순식간에 전율하고 하찮은 벌레 한 마리조차 처리 못 하는 나 자신이 정말이지 한심했다. 상상하기도 부끄럽지만, 문둥이 거지를 돌보는 일을 얻으려면 이겨내야 하는데 죽어도 옆자리 영감처럼 이를 잡지는 못하겠다.

3. 천연 이부자리와 기친야도

모기떼와 벼룩떼의 습격이라는 말로는 부족하다. 성가신 모기와 참기 힘든 벼룩도 모자라 이한테까지 시달리는 심정은 말로 표현할 길이 없다. 그저 밤새도록 졸린 눈을 비비며 목덜미를 때리고 겨드랑이 밑을 문지르며, 등을 더듬고 발바닥을 긁고, 왼쪽으로 앉았다가 오른쪽으로 돌아앉기를 반복한다. 일어서거나 앉아서 혹은 누워서 확인하고, 아니면 자리에서 일어나 옷을 턴다. 정신이 몽롱하고 짜증은 나지만 잠을 청해도 잘 수가 없으니 이리 뒤척 저리 뒤척 하며 밤을 지새운다. 바로 이것이 온갖 족속이 뒤섞여 사는 소굴의 실상이다. 일찍 일어나서 세수하고 양치하려는데 온전한 구리대야가 없었다. 살짝 녹슨 양철통 하나와 미지근하고 뿌연 물이 담긴 들통을 들고 변소 쪽으로 갔으나 차마 양치질을 할 수가 없었다. 정면의 출입구를 열어젖히고 쏜살같이 뛰쳐나가 신선한 공기를 들이마시며 이리

저리 뛰어다니다가 간신히 우물을 발견하고는 그제야 눈 질끈 감고 입 꼭 다문 채 세수했다.

명색이 빈민굴 탐험가라는 인간이 당시에는 얼마나 패기가 없었던지. 빈민굴의 괴상한 족속들을 보고 대번에 놀라고, 손과 이로 벼룩을 죽이는 엿장수 영감에게 터럭만큼이라도 닿을까봐 기겁하는 겁쟁이가 무슨 수로 문둥이 거지를 간병하겠다는 건지. 달랑 하룻밤이었지만, 기친야도에 질려서인지 나도 모르게 평소 하던 노숙이 그립고 이부자리 삼아 누웠던 부드러운 풀숲이 간절했다. 그러나 귀신같은 솜씨와 강철 같은 신체를 겸비한 날품팔이꾼과 공사판 막노동꾼조차 옷 한 벌 못 사 입고 삼시 세끼 거르기가 다반사다. 그런데 왜 그들은 밤마다 꼬박꼬박 3센씩 땔나무 값을 내는가? 대체 부드럽고 시원하며 아름답고 넉넉한 자연의 이부자리보다 뭐가 낫기에 벼룩, 이, 모기, 악취, 열기가 빚어내는 냄새, 심한 더위를 참는단 말인가? 하기야 풀숲에 누워 천체의 진귀한 현상을 감상하는 풍류도 어쩌다 하룻밤이다. 기분전환으로는 그만이지만, 허구한 날 한뎃잠을 잘 수는 없는 노릇이다. 운치 있는 부드러운 녹색 깔개도 어차피 이슬에 젖어 축축한 풀밭이니까. 찜통 같은 기친야도가 빚어내는 노무자들의 체취로 숨 쉬기조차 곤란하지만, 그래도 참아야 한다. 삼경三更[8]에 별을 벗 삼아 적막한 벌판에 누워 자는 생활은 오래 못 간다. 때로 달려들어 성가시게 하는 모기와 벼룩이 아무리 괴롭다 한들, 한밤중에 잠

8 오후 11시~오전 1시 사이로 자시에 해당된다.

자리를 누비며 돌아다니는 징그러운 뱀과 개구리, 두꺼비에 비하겠는가. 예전부터 마음속에 유유자적의 지존으로 모신 옛 시성詩聖 사이교西行[9](1118~1190, 헤이안 말기에서 가마쿠라 초기에 활동한 무사·승려·가인歌人, 본명은 사토 노리키요佐藤義清)가 남긴 "외진 두메에 홀로 사는 내 벗이여, 그곳은 거센 한풍에 맑게 갠 한겨울의 산골이구나"라는 유명한 시가 한 수를 곱씹어본다. 마쓰오 바쇼松尾芭蕉(1644~1694, 일본 에도 시대의 하이쿠 시인)가 보름달을 노래한 한 구절과 더불어 고금의 명시, 천고의 절창絶唱으로 널리 오르내리는 시구다. 폭풍우가 갠 새벽하늘의 달을 바라보며 앞으로는 평생 두타대頭陀袋(각지를 돌며 도를 닦는 승려가 옷가지를 넣어 걸고 다니는 자루)와 노송나무 삿갓과 죽장에 의지하여 마음을 비우고 꿈꾸던 세상을 즐기겠노라 다짐했건만, 이제 와 생각해보니 나 역시 속물인 범부凡夫였구나. 굶어 죽을 판에 두메에 홀로 산들, 시에 담긴 심오한 뜻을 알기나 하겠는가. 초막 한 채 없어 잠자리를 걱정해야 하는 신세가 밤새 연못을 돌아다니며 휘영청 밝은 보름달을 구경한들, 아름다운 풍경이 눈에 들어오겠는가. 사이교도 사흘 노숙하면 공연히 기친야도가 그리울 테고, 바쇼도 달빛 아래서 내리 사흘 밤을 지새우면 모기와 벼룩이 들끓는 여인숙을 마다치 않을 것이다. 날품팔이꾼, 공사판 막노동꾼, 뜨내기 인부를 비롯한 빈민굴의 독신자들은 죄다 땔나무 값 때문에 노심초사한다. 그러나 사이교처럼 사흘간 한뎃잠을 자거나, 바쇼처럼 사흘 밤

---

9 마쓰오 바쇼가 보름달을 노래한 한 구절. 사이교의 노래는 'ひとりすむ片山陰の友なれや嵐にはるる冬の山里'(『산카슈山家集』)일 것이다. 또한 바쇼의 구절은 '밝은 달이여, 정원을 산책하며 밤을 새누나名月や池をめぐりて夜もすがら'로 바쇼가 44세 때인 조쿄貞享 4년(1687)에 지었다고 한다.

을 지새우는 경험을 하고 나면 그리워지는 마지막 안식처가 바로 이곳이다. 득실거리는 벼룩과 이, 찌는 더위와 악취가 뭐 그리 대수겠는가. 한방에서 다다미 한 장당 한 명꼴로 다닥다닥 붙어 자더라도, 대여섯 개의 찢어진 모기장에 동물처럼 10명씩 몰아넣어도, 그들에게는 실로 소중한 옥루玉樓인 것이다. 내일을 위해 대자로 누워서 느긋하게 피로를 해소하고 원기를 북돋워 100세까지 장수하려면 찢어진 이불도 비단금침이요, 삼나무를 잘라 만든 목침도 한단지침邯鄲之枕이다.

4. 주거와 가구

　문득 노숙과 기찬야도의 우열을 비교했던 말이 떠올라, 그들의 소굴을 나서자마자 곧장 지낼 만한 집을 찾아 이리저리 수소문했다. 이바닥 사정을 잘 모르고 당장은 이렇다 할 묘책이 없으니, 일단 닥치는 대로 아무 일이나 하는 것이 최선책인 듯싶었다. 단단히 결심한나는, 뒷골목 구역을 누비며 구석구석 빠짐없이 한 차례 현장답사를했다. 그런데 이날 난생처음 기상천외하고 정교한 미술품을 숱하게보았다. 이제껏 어느 박람회, 어느 권업장勸業場이나 제작장에도 없던진기한 천연물이자 기발한 제작품이며 놀라운 수공예품들이었다. 바라건대 절대 비웃지 마시라. 삶은 신성하고 가난은 준엄한 현실이다.실생활이라면 로쿠메이칸勸鳴館(외빈이나 외교관을 접대하고 숙박하게 하고자 메이지 행정부가 1883년 도쿄에 2층 규모로 건축한 사교장. 당시 유럽화 정책의 상징이자 일본의 많은 상류층에게는 연회와 무도회로서 서양 문화를 처음

접하는 계기가 됨)의 가장무도회fancy ball와 빈민사회의 부엌에 경중이 있을 리 만무하다. 아니, 가장무도회를 비웃는 일이 무례한 짓이라면, 빈민사회의 부엌을 비웃는 일은 잔인무도한 짓이다. 그들의 집은 애초에 어떤 모습이었을까. 가재도구와 의복은? 음식에는 어떤 것들이 있었고 생활은 어떻게 꾸려나갔는지 독자 여러분도 상상해보시라. 그들의 집과 가재도구는 이제껏 그 누구도 그린 적 없고, 어떠한 책에도 실린 적이 없다. 세상에는 무수한 박람회, 미술회, 공진회共進會(메이지 초기부터 개최된 농산물 및 공산품 품평회)가 있지만, 실제로 그들의 집과 가재도구를 그린 그림은 발표된 적이 없다. 내로라하는 회화의 거장들도 매한가지다. 거문고 타는 아가씨나 화족華族(메이지 정부가 다이묘 가문과 구게 가문[문신귀족]을 통합하여 새로 백작, 자작 등의 귀족계급을 하사해준 사람들)의 연회, 가금류, 산수는 수두룩하게 그렸어도 빈민의 가재도구를 그린 그림은 한 번도 발표되지 않았다. 물론 문필가들도 마찬가지다. 목욕하는 재자才子(재주가 뛰어난 사람), 미인의 결혼, 충신 구스노키 아무개(구스노키 마사시게楠木正成, 1294~1336, 고다이고 천황을 도와 가마쿠라 막부를 무너뜨리는 데 공을 세운 무장. 천황에 대한 충성심을 상징하는 존재)의 전쟁 같은 요란한 제목의 책들은 부지기수임에도 불구하고 빈민의 실상에 관한 글은 전무하다. 박람회나 공진회, 화가나 소설가의 작품에조차 등장하지 않는, 조금 특별한 세계에서 만난 공전의 기발한 사물들이 내 눈에는 하나같이 신기할 따름이었다. 솔직히 가난한 집의 세간붙이로 눈과 귀가 세례를 받았다. 그들이 사는 집은 9자(약 2.8미터)의 게딱지만 한 판잣집으로, 허물어지기 직전의 목불인견이었다. 더욱이 바닥은 낮고, 날아갈락 말락 하는 지붕을 기둥이 간신히 지탱했으며, 다다미는 가장자리가 터져서 구석구석 짚이 삐져나왔다. 하지만 그런 다다미 위에서도 식구들은 단란한 시간을 보낸다. 간혹 새끼줄로 불단을 달아매거나, 낡은 고리짝을 깨끗이 닦아서 신위를 안치하고 조상신, 불상을 모셔 한결같은 마음으로 공경한다. 그런데 살림살이라는 가재도구 꼴이 기가 찼다. 부뚜막은 마치 나병 환자의 머리처럼 문드러지고, 솥 가장자리는 낡은 기와처럼 깨졌으며, 밥상에는 테두리가 없었다. 게다가 밥공기는 죄다 칠이 벗겨졌고, 깨진 절구는 화로로 썼으며, 금이 간 질주전자(도기 주전자)는 고약을 붙여서 재활용한다. 이게 다가 아니다. 일상용품은 좀 나을까 했더니만 웬걸 우산은 우산살에 각종 천 조각을 대고 기워서 펴고 접을 때마다 진땀을 뺀다. 신발은 나뭇조각에 새끼줄이나 바대(해진 옷에 덧대고 깁는 헝겊 조각), 대나무 껍질 등을 꼬아서 살짝 발에 걸치기만 한다. 이부자리와 침구류는 더더욱 가관이어서 그들의 궁핍한 생활을 적나라하게 드러낸다. 묵은 솜이 날리는 것을 막으려고 보자기나 낡은 수건, 박쥐우산에서 떼어낸 덮개 등을 덕지덕지 씌워 저런 걸 덮고 잠이 올까 싶었다. 이것들이 바로 그들의 가구와 세간이다. 간혹 구차한 살림살이를 본 사람들이 멋대로 넘겨짚고는 아무리 제멋에 산다지만 취향도 참 별나다며 조소하기도 한다. 하지만 이 세상에 좋아서 지지리 궁상떨고 사는 사람은 없다. 목구멍이 포도청이라고 오죽 절박했으면 이런 거지꼴로 근근이 연명하겠는가. 그들의 생활을 한마디로 표현하면 '결핍'이다. 없이 사는 생활에 이골이 나서 필요하면 뭐든 만들어 썼다. 궁핍해서 알뜰한 지혜를 발휘하여 나뭇조각에 새끼줄을 꿰어 신발을 만들고, 금이 간 뚝배기에는 고약을 바르고 조리하는 비참한 심정을 아는가. 미켈란젤로나 히다리 진고로左甚五郎(에도 초기에 활약한 전설적인 조각가. 닛코 도쇼궁日光東照宮의 '잠자는 고양이'와 '세 마리의 원숭이'가 유명함)의 참담한 심정이 담긴 조각을 보고 감동하지 않는다면 미술에 문외한이다. 가난한 사람의 가재도구를 보고 어설픈 졸작이라고 냉소하는 사람은 너무나 잔인하다. 박쥐우산의 덮개를 떼어서 만든 볼썽사납고 흉측한 이불인 요기夜着(솜을 넣은 옷 모양의 이불)만 해도 그렇다. 이 없으면 잇몸으로 산다는 말처럼 그때그때 절실해서 만든 것과 옛날 명장이나 대가들이 경영한 도안은 다를 수밖에 없다. 극심한 생활고에 시달리는 이들에게는 생존이 걸린 문제다. 시중에 돌고 도는 돈도 그들 사회에서는 거의 씨가 말랐다. 원 없이 써도 남아돌 만큼 지천으로 널린 정교한 기구, 미려한 세간붙이가 그들에게는 거울 속의 꽃이요, 물속의 달일 뿐이다. 아니, 가질 수 없다기보다는 애초에 사용할 권리를 박탈당했다는 게 맞을 듯하다. 물자가 산적한 대도시 한복판에 살지만, 한편

10 훗날 육군대장, 남작이 된 후쿠시마 야스마사福島安正(1852~1919)를 말함. 메이지 25년(1892) 주독공사관의 무관武官 시절 혼자 말을 타고 베를린에서 시베리아 대

으로는 사람 없는 광활한 벌판에 있는 것 같다. 소문으로는 후쿠시마 중령[10]이 시베리아에서 산 털가죽 신은 모양새가 아주 조악하고 엉성해서 도쿄 시내에 신고 나갔다가는 길거리의 웃음거리가 되기 십상이라고 한다. 그러나 먹을 것 없고 황량한 몽골 벌판을 여행할 때는 필수품이다. 1만 킬로미터 여정에서 톡톡히 덕을 본 중령에게는 평생토록 고이고이 간직해야 할 희대의 진귀한 보물일 것이다. 이 빠진 질주전자, 망가진 절구도 사막처럼 먹을 것 없고 각박한 곳에서는 물 마시고, 죽 먹는 귀중한 도구이자 값비싼 살림살이가 되므로 절대 주제넘은 참견으로 함부로 비웃어서는 안 된다.

이 구역의 참혹한 광경을 일견한 김에 돈을 조달하지 못하는 사람

가난한 집의 세간. 나뭇조각에 새끼줄을 꿰어 신는다

류을 횡단하고 이듬해에 귀국했다. 『암울한 도쿄』를 집필할 시기에는 최신 기사였으므로 당시 모습을 다음과 같이 보도했다. '때는 바야흐로 메이지 26년 6월 29일, 온 장안의 남녀가 신바시新橋 정차장에, 우에노 환영장에, 그리고 지나가는 연도에 나와 중령을 맞이했다. 고금에 다시없는 성황이었던 전년도 헌법선포일도 온 장안이 미친 듯이 환호하며 그날을 축하했는데 중령을 환영하는 모습이 이와 비슷하다'(『도쿄일일신문東京日日新聞』 메이지 26년 6월 30일).

들은 과연 어떤 도구를 쓰는지 알아보기로 했다. 화재 현장에서 주워온, 불에 타 오그라든 철판이나 녹슨 양철로는 비가 새는 행랑방의 천장을 보수한다. 한 되들이 통에서 빠진 뚜껑은 손 씻을 물을 떠놓는 푼주 대신 쓰고, 기와와 돌을 모아 손수 화로를 만든다. 인도산 솜天竺綿(평직으로 짠 두툼한 목면)을 포장한 외래포대는 펼쳐서 다다미 위에 씌우고 돗자리 대신이나 침구로 쓴다. 그리고 이곳 폐인들이 진정한 경영적 사고로 만든 듯 보이는 이자리구루마蹙車라고 하는 것이 있다. 생업에 종사할 때 이용하는 도구인데, 테두리에는 하수구 덮는 널빤지를 박고 바닥에는 대나무를 깐다. 이어서 앞뒤로 달구(땅을 다질 때 쓰는 용구)를 꽂고 둥글게 자른 소나무를 꿴 다음 산륜(굴림대)을 만들어서 작대기로 땅을 찍으면 데굴데굴 굴러간다. 그야말로 독일의 로빈슨이 만든 작품[11]으로 그들의 사막여행에는 필수 불가결한 기구다. 그리고 역시 경영적 사고에서 탄생한 검은 인력거는 필시 외래 자전거와 비교하면 수십 배는 더 공을 들였을 것이다.

11 영국 작가 대니얼 디포의 『로빈슨 크루소』를 말한다. 요컨대 인간다운 생활을 위해 필요한 재화를 효율적으로 생산하는, 즉 합리적인 경영을 위한 사고방식과 행동 양식을 갖춘 인간을 뜻한다.

5. 빈민가의 생업

 빈민굴 탐험기를 쓴다고 뒷골목을 누비며 이 구역 저 구역 옮겨다
니다보면, 으레 막다른 곳에 이르고 결국 머리를 긁적이며 되돌아가
곤 한다. 바로 이 하층사회의 연립주택(나가야) 주민들이 이용하는 소
고카總後架라는 공중변소다(교토와 오사카에서는 소셋친總雪隱이라 부르
기도 함). 앞서 잠깐 언급했듯이 본디 이 빈민굴은 황무지에 사륜 증
기여객열차를 늘어놓은 것처럼 만卍자나 파巴자 형태로 땅에서 띄워
일렬로 집을 지었기 때문에 앞뒤가 없다. 그래서 부득불 사람들이 지
나다니는 통로 가운데 지점에 떡하니 뒷간(셋친쇼雪隱所라고 함)을 설
치한 것이다. 불평할 처지가 아니라고는 하나 하필이면 햇빛과 달빛
이 내리쬐고 정면으로 마파람이 불어오는 곳을 은폐해서 언제나 악
취가 풍긴다. 이는 토지 임대료 올리기에 급급한 땅주인이 선심 쓴답
시고 벌인 일이다. 빈민굴에 와서 살면 이 말의 의미를 절로 알게 될

것이다. 하던 얘기로 돌아가서 구역별로 사람들이 종사하는 생업을 살펴보면, 그 수로는 인력거나 수레를 끄는 사람이 단연 으뜸이고, 날품팔이꾼, 공사판의 여러 장색이 대부분을 차지한다. 또한 폐품을 수선해서 생계를 꾸려가는 수공업자들, 이를테면 넝마장수, 넝마주이, 라오야(라우야라고도 함), 땜장이, 박쥐우산 수선공, 소쿠리 장수, 양철장이, 칠장이, 깨진 도자기 붙이는 사람, 휴지 뜨는 사람(하나 가미스키鼻紙漉. 먹 묻은 폐지나 오래된 종이, 못쓰는 종이를 물에 풀어서 뜬 다음 재생지인 아사쿠사가미浅草紙를 만드는 사람) 등이 있다. 그런가 하면 잿날緣日(엔니치. 신불을 공양하고 재를 올리는 날)에 두둑이 한몫 챙기려고 몰려든 풍각쟁이, 쓰지 고샤쿠辻講釋(길거리에서 행인들에게 전쟁 이야기나 야담을 들려주고 돈을 받던 사람), 인형술사人形遣い(닌교조루리人形浄瑠璃나 가부키에서 인형을 조종하는 사람), 요지경 장수(노조키 가라쿠리覗き機關. 들여다보는 구멍이 뚫린 상자 안에 명소 풍경이나 줄거리 있는 여러 장의 입체적이고 사실적인 그림을 설치해서 변사 이야기에 맞춰 구경하는 것. 생김새는 다르지만 예전에 한국에서도 유행했다) 같은 약장수도 있다. 이외에도 스승입네 하고 돈벌이를 목적으로 유치원생 발표회 수준의 유치한 사자춤角頭獅子을 훈련하는 사람, 일수쟁이, 대여점, 잿날 대목을 노린 소상인, 점쟁이, 뜸 놓는 사람, 안마사, 무녀와 의사, 간판장이가 있다. 순례하는 수행자는 센가지 승려, 로쿠부六部(66번 사경한 『법화경』을 들고 66곳의 영지를 순례하며 한 부씩 봉헌하는 승려를 말함), 성지 순례하는 사람 등이

주를 이룬다. 모리상인으로 미야모노시宮物師, 노렌시納連師[12]도 있다. 그리고 오이, 가지를 파는 채소가게와 자반연어, 건어물을 파는 생선 가게, 땔나무장수, 고물상과 초물전(예전에 돗자리·광주리·바구니·초방석·비·나막신 따위의 잡살뱅이를 팔던 가게) 겸 군고구마 장수, 꼬맹이들에게 인기 만점인 몬지야키文字燒(건더기 없이 밀가루 반죽으로만 부친 빈대떡)를 만드는 막과자 가게가 올망졸망 늘어서 있다. 밤에 큰길에서 장사하는 사람, 헌 게다나 헌 옷을 수선하는 사람도 있다. 부업으로 하는 허드렛일은 성냥갑 붙이기, 이쑤시개 깎기, 게다의 신갱기(끈) 꿰

집 앞에 설치한 변소

12　저자는 『사회 다방면社
會百方面』에서 모리상인에
관해 다음과 같이 설명했다.
"부정한 방법으로 부실한 물
건을 파는 약아빠진 간상배
들을 말한다." "껍질은 누르

스름하고 알맹이는 푸석푸석
한 밀감은 모두 모리상인의
물건이다." 한편 미야모노시
에 관해서는 같은 책에서 "미
야모노시가 어류를 속여 팔
듯이 노렌시는 채소를 속여

판다. 생물이든 말린 것干物
이든 소금에 절인 것이든 감
쪽같이 속아 넘어갈 정도로
기발한 농간을 부리니 말이
생선가게이지 실은 생선가게
가 아니다"라고 했다. 노렌시

어 달기, 석판 착색, 버선가게 일, 잎담배 널기, 부챗살 깎기, 쇠장식닦이, 파지 추리기 외에 이루 헤아릴 수 없이 많다.

물론 세상살이를 위한 직업은 수십 가지지만, 뒷골목에서 장사하는 이들은 찬밥 더운밥 가릴 형편이 아니다. 하루 벌이가 기껏해야 20~30센을 넘지 않으니 하루 노임이 5~6센인 일자리도 마다할 수 없다. 발바닥이 부르트도록 뛰어다니며 새로운 손님을 찾아서 간 쓸개 다 빼놓고 극진히 모셔야 한다. 차라리 공사판 날품팔이꾼이나 쌀 찧는 사람, 곡예사나 약장수처럼 한 숙소를 쓰는 사람 여럿이 함께 떳떳하게 일해서 생계를 꾸려갈 수 있다면, 냉큼 달려가 새 식구가 되련만, 이 구역에서 그런 가족적인 분위기의 조직을 찾기란 불가능할 듯싶다. 그래서 몸 바쳐 연구하기로 했던 빈곤 대학의 첫 번째 과업은 3학기에 다른 빈민굴에서 하기로 하고 빈천지의 마지막 탐험을 위해 이곳을 떠난다.

暖簾師 역시 같은 책에서 "살 사람이 어수룩해 보이면 떨이한다는 핑계로 구워삶아서 푸성귀 밭을 팔아치운다. 간사한 술수를 쓰는 밀매인보다 더 지독하다. 떨이란, 팔다 남은 채로 며칠 묶어서 시든 채소를 말한다. 시든 채소를 사다가 싱싱하게 보이도록 줄기를 다듬어서 사가는 사람을 속이는 노렌시 패거리들의 수법은 미야모노시에 뒤지지 않는다"며 상세하게 기술했다.

6. 일용직 알선

시타야下谷를 떠나 아사쿠사淺草로 가서 아베카와정阿部川町의 어느 공사판 막노동꾼의 숙소를 찾아가 다짜고짜 일거리 좀 달라고 했으나 인력이 남아돈다는 이유로 거절당했다. 같은 일을 하는 십장을 찾아 하나카와도花川戶라는 곳으로 갔으나 역시 같은 이유로 허탕 치고 그곳을 나왔다. 우마미치馬道 로쿠초메六丁目에 사는 신원보증인인 모 도꼭지(어떤 방면에서 가장 으뜸이 되는 사람)에게 가서 다른 곡예사나 약장수들과 어울려 일하고 싶다고 했지만, 이번에도 선뜻 받아주질 않았다. 이때 불현듯 일전에 동료끼리 두세 차례 옥신각신하던 문제가 뇌리를 스쳤다. 영어를 처음 배우는 사람이 사전에 의지해서 떠듬떠듬 『대의정체론Considerations on Representative Government』[13]을 읽는 마음으로, 아무리 괴이한 소굴이나 참혹한 뒷골목일지라도 나는 주저없이 몸을 던져 철저히 연구하기로 결심했다. 그런데 뜻밖에 이

13 메이지 초기 일본에 큰 영향을 준 책. 『게이오 의숙 백년사慶応義塾百年史』를 보면 당시 영어 원서 강독에 J. S. 밀의 『대의정체론代議政體論』이 쓰였음을 알 수 있다.

근방에는 도쿄 제일, 아니 일본 제일일 법한 구세계의 유적[14]이 있었다. 어찌나 참담하고 괴이한지 사군자士君子(학문에 통달하고 덕이 높은 사람)의 입에는 차마 올릴 수가 없었다. 그 기괴한 소굴에서는 내면의 싸움을 통해 무릇 세상의 모든 악한 마음의 결정체, 생활의 희생양, 악마의 표본, 유혹의 신, 육욕의 노예들이 활개를 친다. 잡다한 족속이 뒤엉켜 살아가는 이곳은 도쿄의 비밀이라기보다는 전국의, 어쩌면 전 세계의 비밀을 폭로하는 마지막 대규모 전쟁터인 셈이어서, 유혹의 신과 악마의 변종이 왕성한 기량을 발휘한다. 따라서 이 괴이한 굴을 장식한 비단 뒤에 숨겨진 추저분한 문양을 보려면, 세상의 흔해빠진 인간의 편견과 부정, 고통과 가려운 곳부터 똑똑히 확인해야 한다. 인간, 특히나 생활이 착잡한 인간은 속이 시끄러울 때마다 아름다운 가면 속에 숨겨진 추한 내면을 드러내며, 무시로 미치광이처럼 군다는 것을 밥 먹고 담배 피우는 사이 터득했다. 그런데 이런 세태의 감춰진 비밀을 밝혀줄 곳이 조직적으로 돌아가는, 지척의 동굴에 있을 줄이야. 이 얘기를 듣고 화들짝 놀란 나는 일체의 계획을 내팽개치고 즉시 이 마굴에 뛰어들기로 결심했다. 그러나 운명의 고삐가 호기롭게 나선 망아지의 고삐를 당겼다. 사람 시중드는 것도 벅차하는 주제에 야차의 시중을 든다고 나서다니. 빈민굴의 단조로운 일상조차 제대로 파악하지 못했으면서 분수도 모르고 어수선한 마굴을 조사한답시고 설치는 나 자신이 한심해서 결국 이곳을 떠났다.

14 야나기하라柳原 일대를 말하는 듯하다. 마쓰바라의 「탐험실기 밤의 도쿄探險實記夜の東京」에는 "위장 퇴폐업소曖昧茶屋(요릿집이나 찻집, 여관 등의 간판을 걸고 매춘하는 집), 폰비키ポン引(그곳 사정에 어두운 시골 사람 등을 등쳐먹는 사람이나 사창가의 호객꾼, 포주), 소매치기, 장물아비 등의 죄악이 판치는 도쿄"(『민유샤 사상문학총서民友社思想文學叢書』 제5권 『마쓰바라 이와고로집』에 수록)로 야나기하라 일대의 모습을 상세히 기록했다. 또한 요코야마 겐노스케橫山源之助의 「빈민의 정

가라! 천지사방이 너절한 기한굴로. 아사쿠사에서 시타야로 돌아
간 나는 우에노 야마자키조에서 네즈 미야시타정根津宮下町, 고이시
카와 야나기정小石川柳町, 덴즈인傳通院의 뒷골목, 우시고메 아카기牛込
赤城 아래, 이치가야市ヶ谷 조엔사長延寺 다니마치谷町 등 대도시 변두
리에 자리 잡은 작은 빈민굴들의 뒷골목을 떠돌아다니다 마침내 야
마노테山の手(고지대 주택지)의 악명 높은 기한굴인 요쓰야 사메가하시
四谷鮫ヶ橋(鮫河橋라고도 표기)라는 곳에 당도했다.

사메가하시로 들어간 나는 귀동냥한 정보로 도꼭지인 시미즈야
야헤에淸水屋彌兵衛라는 사람을 찾아갔다. 야헤에 씨는 시골 출신으
로 전직 공사판 막노동꾼이다. 제법 통이 크고 마음이 어질어 가난
한 사람들에게서 신망을 얻었다. '사지육신 멀쩡한 사람이 놀고먹어
서는 안 된다, 젊어 고생은 사서도 한다'는 등 고리타분한 격언을 몸
소 실천하는 그의 관록 있는 말은 빈민굴에서 잘 먹혔다. 생면부지의
일개 노동자임에도 불구하고 말발 센 그이가 주선해준 덕에 나는 근
처 잔반야에서 마침내 밥벌이를 구했다.

말로만 듣던 잔반야에 드디어 왔다. 대체 잔반이란 무엇일까. 한마
디로 말해서 대형 조리실의 한낱 찌꺼기다. 여러분은 빈민을 형용하
는 촌철살인의 한마디가 무엇이라고 보는가? 추위와 굶주림, 누더기,
폐가, 행색? 내 생각에는 잔반이나 잔채殘菜(먹고 남은 반찬)라는 이 두
단어가 가장 절묘하게 들어맞는 듯싶다. 그리고 지금 잔반야가 내 눈

月貧民の正月」에도 "다시 하
층사회가 악마의 소굴인 야
나기하라를 따라 군다이郡代
(에도 시대에 막부의 직할지
를 지배하던 직명으로, 한국
의 고을 원에 해당)로 갔다.

유흥가 사정에 빠삭한 모 여
장부를 만나 그곳 근황을 물
었더니 불량배, 술주정뱅이,
들치기, 전대치기(소매치기의
옛말), 장물아비, 야바위꾼이
활개 치고 있다고 했다"(『마

이니치 신문每日新聞』 메이
지 29년 1월 9일)라고 적혀
있다.

앞에 있다. 빈민을 상징하는 잔반과 잔채의 실체를 확인할 기회를 마다할 수가 없어 부리나케 갔다.

난생처음 보는 빈민굴의 잔반야 광경이 눈에 들어왔다. 입구인 구역 서쪽으로 들어갔다. 거리에서 약간 안쪽으로 들어가자 집이 나왔다. 정면에 보이는 널찍한 공터에서 멍석 대여섯 장을 깔고 누룩처럼 쉰 잔반을 햇볕에 말리고 있었다. 팔다 남은 밥은 다른 날 찐쌀로 팔기도 한다. 짐작건대 이것이 바로 유사시에 대비해 비축해두는 구황식품이 아닐까. 버팀목으로 받친 집은 다 허물어져가고 있었다. 처마는 낡아서 썩었고, 지붕 한켠에서는 이끼가 자라고 있었으며, 차양은 어찌나 더러운지 듬성듬성 뚫린 구멍으로 드나드는 사람들의 옷깃에 흙덩이를 떨어뜨릴 것만 같아 걱정스러웠다. 내부는 시골집처럼 객실보다 넓은 정원이 거의 3분의 2를 차지했다. 수두룩한 흙소쿠리, 초밥통半切桶, 간장통, 커다란 단지, 투박한 독 외에 남은 밥과 반찬을 담는 데 쓰는, 하나같이 구질구질한 도구들이 어수선하게 널린 모습이 눈에 띈다. 그러나 이때는 미처 몰랐다. 이곳 불결한 폐가가 대형 박물관이 될 줄은. 내가 빈민들의 모든 생활 터전을 실제로 보고 기한굴의 소식을 듣기에 비할 데 없는(자료 수집하기에 알맞은) 곳이 바로 여기였다.

덧붙여 말하지만, 일면식도 없는 내가 다른 노동판의 객식구가 된 것은 순전히 야혜에 씨가 적극적으로 힘써준 덕분이었다. 그런데 부창부수라고 그의 아내도 촌스럽고 고지식하며 말수가 적었다. 등에 아기를 업고 잔반야로 안내하는 길에 "이런 험한 일을 할 양반으론 안 보이지만, 기왕 시작한 거 한 2~3일만 버텨보세요"라고 했다. 그러고는 "처음 해보는 일이라니까 모쪼록 잘 부탁해요" 하며 내가 무슨 수양아들이라도 되는 듯 고용주에게 나를 공손하게 소개했다. 2~3일 후에는 잘 지내나 보러 와서는 "어때, 일은 고되지 않고? 힘들면 말해. 다른 사람 보내게"라고 위로하며 여러모로 살뜰하게 챙겨주었다. 부인의 어진 마음이 고스란히 전해졌다.

잔반야 건물

7. 잔반야

야헤에 씨 주선으로 그날부터 나는 잔반야의 머슴이 되었다. 날마다 아침 8시, 점심 12시 반, 저녁 8시경에 사관학교로 가서 세끼 식사 때 남긴 음식을 받아오는 일을 했다. 두 사람이 짝지어 평차에 뎃포자루鉄砲笊라는 지름이 한 자(30센티미터) 남짓한 가늘고 긴 원통형의 큰 소쿠리, 멜대로 메어 나르는 큰 통, 초밥통, 간장통을 싣고 뒷문으로 들어갔다. 젓가락보다 무거운 건 들어본 적도 없던 몸이 안 하던 막일을 하려니 고생이 이만저만이 아니었다. 아무리 용을 써도 요령부득한 탓에 번번이 어린애 같은 실수를 해서 주인의 노여움을 단단히 샀다. 그러나 이것 또한 빈곤 대학의 전기前期 과정이라면 인내심을 갖고 이 고비를 극복해야 한다는 생각에 꾹 참고 견뎠다. 조만간 요령을 터득하자 인근의 괴상한 족속들이 지배인님, 지배인님 하며 존칭까지 썼다. 그런데 이 잔반은 가난한 사람들과 대단히 깊은 관계가 있다. 그들이 옛날부터 군대밥兵隊飯으로 부르던 이 잔반은 진다이鎮台 병영[15]에서 남긴 음식을 의미한다. 이 집에서 파는 것이 바로 그 사관학교에서 나온 잔반으로 소쿠리(밥 양은 대략 15관, 약 56킬로그램)당 50센에 떼어다가 한 관(3.75킬로그램)에 5~6센 정도 받고 되판다. 단, 반찬은 무료로 불하하는 거라 고스란히 부수입이 된다. 아무튼 사관학교 학생을 비롯한 교관들까지 약 1000명분의 식사를 준비하는 대형 주방에서 나오는 찌꺼기이므로 양이 어마어마하다. 어떤 날은 뎃포자루로 세 개에서 대여섯 개까지 나오는데, 국과 반찬에 따라 단무지 쪼가리부터 식빵 부스러기, 생선살이 붙은 뼈, 누룽지 등을 따로따로 담으면 거의 한 소대 군수품만큼 쌓인다. 이런 걸 조석으로 세 번 운반하려니 고되어서 죽을 맛이었다. 그나저나 대체 누가 이 찌꺼기를 사가는 걸까. 둘러보니 모두 그 일대 빈민굴에 사는 가난한 사람들이었다. 인기로 따지면 팔진미로 꼽히는 웅장봉수熊掌鳳髓[16] 저리 가라다. 짐수레를 끌며 지나가자 천자가 탄 수레에 절하듯이 남녀노소 모두 소쿠리, 나무 밥그릇, 찬합, 밥통, 작은 통이나 사발, 요리 배달통처럼 들고 가기 편한 그릇을 손에 쥐고 길 양쪽에서 학수고대하고 있었다. "이제 파하고 오는 길인가보구면." "오늘은 많이 가져왔으려나." "얼른 가자고." 제각기 이렇게 소곤거리며 짐수레 뒤를 쫓아온다. 가게 앞 풍경은 후쿠시마 중령의 환영 인파를 방불케 한다. 인산인해를 이룬 사람들이 멀리서 다가오는 짐수

15 진다이란 메이지 1년에 지방 수비를 위해 설치된 육군단으로, 여기서는 군단의 병영을 말한다. 훗날 사단으로 개칭되었다.

16 예로부터 중국에서 천하진미로 여기는 곰발바닥熊掌과 상상 속의 새인 봉황의 뇌鳳髓를 말함.

레를 보더니 일제히 왁자지껄하게 떠들어댄다. 인파를 헤치고 지나가기 무섭게 앞다투어 소쿠리, 요리 배달통을 내밀며 2센어치 주세요, 3센어치 줘, 나는 한 관, 여기도 500돈(1.9킬로그램)이라며 어깨 너머로 나무 밥그릇을 내밀거나 겨드랑이 밑으로 돈을 던진다. 그 모습을 무엇에 비유하면 좋을까. 아침에 열리는 다이콘가시大根河岸(교바시京橋에서 곤야바시紺屋橋 사이의 강변. 에도 시대에 무를 중심으로 채소 거래가 활발했던 교바시 다이콘가시 시장京橋大根河岸市場을 뜻하기도 함)의 어시장 풍경을 닮았다고나 할까? 복닥거리는 광경이 가일층 기이하게 보인다. 조림반찬이나 단무지 같은 절임반찬은 모두 한 움큼씩 덜어서 판다. 국은 막걸리처럼 통에서 퍼주고, 밥은 저울에 달기도 하지만 귀찮을 때는 눈대중이나 손대중으로 덜어서 판다. 남은 밥과 반찬은 거저 주는 게 보통이다. 그러나 일단 받아오면 이것 역시 엄연한 상품이다. 호피, 부뚜막, 아라이, 꽁다리 등 갖가지 이름을 붙이고 신나게 먹으니 거참 희한한 노릇이다. 꽁다리란 절임반찬의 별명으로 나즈케菜漬(소금에 절인 푸성귀 잎), 단무지, 혹은 오이와 가지의 꼭지나 밑동이 달린 대가리와 끄트머리 조각을 일컫는 말이다. 아라이란 솥을 닦을 때 나오는 바닥의 썩은 밥을 의미한다. 부뚜막이란 빵조각이다. 속을 파낸 식빵이 부뚜막과 비슷하다고 붙인, 이를테면 별명인 셈이다. 그럼 호피란 무엇일까. 괴상한 족속들이 지은 누룽지의 별명이다. 거대한 솥에 밥을 안치면 노릇한 누룽지가 일품이다. 그런데 솥 바닥에 얼룩덜룩하게 눌어붙은 밥이 흡사 호표(호랑이와 표범) 가죽 같다고 그렇게 불렀다. 호피건 부뚜막이건 잔반은 이미 빈민굴 주민들에게는 귀한 상품이어서 먼저 사는 사람이 임자다. 식옥취계食玉炊桂란 말이 얼핏 부호의 사치스러운 생활을 의미하는 듯 보이지만, 실제로 이렇게 사는 것은 부호가 아니라 오히려 빈민들이다. 더욱이 추위와 굶주림에 시달리는 극빈자들은 물가가 비싸서 옥을 먹고 계수나무로 불을 땐다. 실례로 먹어야 사니까 아무리 비싸도 목탄, 장작, 절임반찬은 항상 1~2센어치씩 산다. 그리고 아무리 못 사도 쌀, 할맥을

잔반야에서 밥을 사는 빈민

5홉, 7홉씩은 산다. 평소에 10~20인분을 조리하는 큰 주방은 쌀과 장작을 대량으로 사야 경제적이므로 실제 계수나무 단거리(단으로 묶은 나무)도 계산상으로는 땔감 값이 된다. 이에 반해 빈민들은 불가피하게 날마다 감질나게 찔끔찔끔 사야 하니 계산상으로는 땔감 값이 아닌 주옥 값을 내야 한다. 돈이 씨가 마른 빈민굴 주민이 무슨 수로 주옥을 먹고 산단 말인가. 그러니 잔반과 잔채는 진정 이 옹색한 주방의 참상을 구원하는 자비로운 신이다. 5인 가족이 밥 2관, 잔채 2센, 절임반찬 1센, 모두 합해서 14~15센이면 충분하다. 그러나 조금씩 사서 먹으면 하루에 30센이 든다. 그래서 최하층민의 생활을 상징하는 광경 중 하나로 항상 이 잔반야의 번창을 꼽는다.

8. 빈민과 먹거리

에치고야越後屋나 다이마루야大丸屋의 취사부는 장작을 지필 때 땔감을 최대한 절약하는 요령을 소설로 발표했다. 에치고 덴키치越後傳吉[17]는 그 구역에서 제일 큰 가게의 분주한 주방에서 잔뼈가 굵은 사람이다. 그는 자신의 체험을 바탕으로 보기 드문 소재의 흥미진진한 이야기를 남겼다. 즉, 장작 지피기, 절임반찬을 써는 요령, 간당간당한 설탕과 가다랑어포 절약 방법, 쓰다 남은 간장과 된장의 앙금 혹은 눌은밥 한 덩어리를 아껴서 절감한 비용을 한 3년 모아 한밑천 장만했다는 이야기였다. 더욱이 티끌 모아 태산이라는 독특한 주제로 연극이나 야담에도 등장하여 많은 인기를 끌었다.

그러나 보기 나름이다. 도시 밑바닥에서 생활하는 사람은 절약과 검소함이 몸에 배어 있어 에치고 덴키치 뺨치도록 아끼고 요령 또한 더 많이 안다. 즉, 음식 재료가 풍성한 주방에서 요리하는 사람이 설

17　에도 시대 교호享保 (1716 ~1736) 무렵의 야담가이자, 간다 하쿠류시神田伯龍子(도검에 관한 고서인 아라미 메이츠쿠시新刀銘盡라는 고서의 저자이자 유명한 군사학가, 야담가)의 야담에 등장하는 근검절약 이야기의 주인공.

령 절약하는 소박한 습관이 있다 한들, 궁색한 환경에서 사는 사람들 처지에서는 그게 위화감만 들 뿐 하등 신기할 게 없다는 말이다.

사실 평범한 결실을 보았을 게 틀림없던 내 처지는 신기하게도 에치고 덴키치 덕분에 극적인 결실을 보았다. 잔반야에 들어가기 전에는 누룽지와 생선살 붙은 뼈가 무슨 쓸모가 있는지 의아했고, 또 먹다 남은 절임반찬은 버리는 줄로만 알고 있었다. 그러나 이제는 이것들이 특정한 사람들의 생활에서는 귀중한 음식이 된다는 것을 알게 되었다. 배고파서 환장할 때는 바스러지는 빵, 말라비틀어진 파조차 훌륭한 상품으로 유통된다는 것을 눈으로 확인했다.

가난한 사람들이 잔반과 잔반을 운반하는 나 같은 사람을 얼마나 환영하는지 모른다. 그들의 열띤 환영에 보답하고자 찌꺼기란 찌꺼기는 죄다 긁어모아서 실어 날랐다. 거기(사관학교 주방)에 운반할 찌꺼기가 하나도 없어서 서글펐던 어느 아침에도, 새로 나온 밥과 반찬 찌꺼기가 짐수레 3량에 넘치도록 쌓여서 기뻤던 어느 저녁에도. 찌꺼기가 풍족할 때는 "풍년"이라고, 동났을 때는 "기근"이라고 말하며 음식을 갈망하는 그들에게 귀띔했다.

사흘간 밥을 0.5킬로그램도 실어 나른 적이 없을 만큼 비참한 기근이 계속되던 어느 날 아침이었다. 주방을 샅샅이 뒤져도 실어갈 것 하나 없어 크게 낙담하고 서 있으려니 비탄에 찬 빈민들의 모습이 눈에 선했다. 차마 빈손으로 돌아갈 수가 없어서 "오늘은 절대 가난한 사람들을 굶길 수 없습니다. 제발 빵부스러기라도 나눠주십시오" 하며 찬모에게 하소연했다. 그러자 "간곡하게 부탁하니 특별히 말해주는 건데, 이따가 돼지에게 먹일 고물 찌꺼기와 밭에 거름으로 줄 감자 쪼가리를 가져올 거야. 그거라도 가져가든가" 한다. 보아하니 상해서 시큼한 구근작물로 만든 고물과 설거지할 솥 바닥에 붙은 밥과 국물 없이 찌꺼기만 남은 된장국이었다. 설사 사람이 먹을 만한 것이 아니더라도, 며칠 동안 굶주림에 허덕인 이들에게는 조금이나마 음식 구실을 할 듯싶어 조심스레 모조리 싣고 왔다.

열렬히 환영하는 굶주린 사람들에게 '기근'이라고 귀띔했더니 다들 실망한 기색이 역력했다. "어머, 세상에! 저 엄청난 음식이 죄다 거기서 나온 거야?"라며 누군가 짐수레를 보고 소리치자 가게 주인이 찬찬히 상황을 살핀다. "밥이면 얼른 나눠줘. 없으면 반찬만이라도 주든가" 하고 재촉해서 짐을 풀고 벌여놓았다. 사흘간 기근을 겪은 터라 꿈인지 생시인지 어리둥절해하며 땅에서 솟은 것처럼 풍성하게 차려진 맛있는 음식을 들여다본다. 내가 상한 고물을 '긴톤金團(강낭콩과 고구마를 삶아 으깨어 밤 따위를 넣은 단 식품)'이라고 부르자 가게 주인이 얼마나 비싸고 귀한 반찬인지를 묻고는 한 공기에 5린에 팔았다. 된장국 찌꺼기는 인기 만점이고 쉰밥도 부족하다.

아아, 이 기이한 행태가 현실이라고 하면 누가 믿을까. 진정으로 말하지만, 잔반 파는 일은 작더라도 단연코 인명 구조의 일환이자

자선사업이라고 생각한다. 그러나 파렴치하다고 할진 몰라도 상한 밥과 쉰 된장국, 즉 돼지 사료나 밭에 줄 거름을 불가피하게 돈 받고 파는 지경에 처하기도 한다. 빈민 구제를 외치면서 풍악을 울리고, 자애로운 은혜를 베푼다는 명분으로 지체 높은 사람들이 세운 기치가 정녕 도덕이고 자선인지 두 눈 부릅뜨고 지켜봐야 할 것이다.

9. 빈민구락부

문학인과 어울리면 문학인 소식을 듣고, 정치가와 어울리면 정치가 소식을 듣듯이 빈민과 어울리면 빈민 얘기만 듣는다. 사람은 누구나 자기가 속한 사회에서 비밀을 주고받으며 삶의 재미를 느낀다. 세상의 아무 아무 문학구락부(구락부는 클럽의 음역어. 이하 클럽), 무슨 무슨 정당클럽, 모 집회소, 모 회합소라는 곳에서는 사회 구성원들의 무용담과 실패담은 물론이고 이상야릇하며 진기한 비밀 이야기들이 오간다. 탄로난 시시껄렁한 사건이 폭주하듯이 빈민집회소에서도 빈민에 관한 일체의 비밀이 날마다 조류처럼 흘러나와 그 바닥 신문의 사회면을 장식한다. 잔반야는 그들의 사교클럽 같은 곳이고 나는 이곳의 어중치기 머슴이자 서기였다.

빈민클럽이 이렇게 문전성시를 이루는 연유는 무엇일까. 대기하던 사원들은 저마다 손에 나무 밥그릇이나 소쿠리, 작은 통이나 된장

거르는 채를 들고 클럽 마당에 쭈그려 앉거나 걸터앉아서, 혹은 삼삼오오 서서 평소에 겪은 바를 소재로 담소를 나눈다.

화젯거리가 어쩜 그리도 풍부한지 맛보기로 두세 가지만 소개하겠다.

운동회에서 베푼 자선: 예전에 아오야마의 연병장에서 모 법률학교의 춘계 대운동회가 열렸을 때의 일이다. 음식을 준비하는 찬모가 학생 한 명당 나무도시락 한 개씩을 나눠줬지만, 먹는 학생이 적어서 1200인분 중 300~400인분이 남았다. 사태를 파악한 간사라는 사람이 즉시 근처에서 구경하던 가난한 아이 하나를 부르더니, "오늘은 특별히 인심 써서 너희에게 선물을 주마. 친구들을 많이 불러오렴" 하고 일렀다. 말 떨어지기가 무섭게 부리나케 달려간 가난한 아이는 장례에 참석하려고 학교 벌판에 모여 있던 사람들에게 희소식을 전하며 채근했다. 삽시간에 퍼진 소문을 듣고 모인 사람이 100여 명. 베푸는 자에게 복이 있나니, 일찍이 오늘 같은 날은 없었다. 꼬물꼬물 기어다니는 어린아이도 하나씩 차지해서 5인 식구가 하루 치 음식을 벌었고, 오래간만에 열린 시아귀施餓鬼(굶주린 귀신이나 연고자가 없는 망령에게 음식을 바치는 법회)였기에 조촐한 음식을 먹으며 함께 기쁨을 나누었다. 또한 뒤늦게 소식을 듣고 허겁지겁 달려온 다른 빈민굴의 주민들은 연병장 한복판에 산처럼 쌓인 빈 도시락을 발견하고 먹다 남긴 밥을 골라갔는데 이것도 엄연히 소득이다. 막판에 난데없이 낌새를 알고 쫓아온 거지 대여섯이 찌꺼기를 헤집으며 밥풀떼기 하나 남기지 않고 모조리 먹어치웠다. 학교 운동회가 이 모양인데, 전시라면 무슨 수로 알려서 음식을 나눠준단 말인가.

쌀 기부: 모 은행장이 관할 지역의 빈민 일동에게 현미 50석을 기부한다고 하자 가난한 사람들이 동네 이웃을 따라 다카나와高輪의 센가쿠사泉岳寺로 모여든다. 단, 일인당 쌀 5홉씩 준다는 것과 행사 일자는 미리 적어서 사방에 알렸다. 현미 5홉을 거저 준다는데 뭘 망설이겠는가. 5홉이라면 다급할 때 세 식구가 아쉬운 대로 하루를 때울 수 있는 양이다. 한 푼이 아쉬운 마당에 불원천리하고 센가쿠사까지 가야만 한다. 그런데 무슨 생각인지 이날은 표만 주고 내일 다시 와서 현미와 바꿔가란다. 나 원 참, 기부하는 사람이 '빈민들 사정'에 어쩜 그리도 어두운가. 빈민에게 내일까지 참으라니 당치도 않은 소리다. 내일까지 기다릴 만큼 넉넉하다면 애당초 이토록 지지리 궁상을 떨며 고생하겠는가. 빈민은 당장 오늘 밤을 견디기 힘들 만큼 다급하고, 구차하다. 단순히 빈민을 구제한다는 취지에서 베푸는 물질적인 도움도 절실하지만, 궁지에 몰린 헐벗은 이들에게는 직접적인 보살핌과 즉각적인 도움이 시급하다. 즉, 가난한 사람의 가려운 곳을 긁어주려면 기부하는 사람은 옷가지보다는 음식, 쌀보다는 밥을 줘야 옳다. 그래야 받는 사람 입장에서도 2~3리 길을 마다하지 않고 달려가서 그 생필품을 타다가 위급한 상황을 막는다. 아무리 학철부

어涸轍鮒魚의 고통[18]을 모르기로서니 내일까지 기다렸다가 바꾸라는 말은 모처럼 베푸는 구휼미를 무용지물로 만드는 짓이다. 형편이 넉넉한 사람들이나 쓰는 물품교환권을 구휼미로 준 사람은 빈민이 먹고살 만하다고 오해했다고밖에 볼 수 없다.

옛날에는 널찍한 마당에 쌀섬을 쌓아놓고 어려운 사람만큼은 누구나 와서 맘껏 퍼가도록 구휼미 자루의 아가리를 벌려놓았다. 그러나 기대와 달리 종종 돌변해서 자루가 텅 빌 때까지 매달려서 떠날 줄 모르는 교활한 빈민들이 있으므로, 일부가 아닌 모든 이에게 고루 돌아가도록 규칙을 세워야만 한다.

만약 남보다 나은 위치에 선 사람으로서 베풀고 싶다면 모름지기 심안이 활짝 트여야 한다. 설사 3~5인분의 몫을 게걸스럽게 먹어치우는 교활한 자가 있더라도 그깟 일로 절대 당황하지 마라. 적어도 그 빈민이 살아 있는 한, 여러 명에게 배분할 양을 독차지하는 자린고비 짓을 용납해서는 안 된다. 공산주의 사회처럼 즉시 주위 칭찬을 한몸에 받는 제일가는 일꾼과 함께 그가 욕심부린 물품을 옆집 뒷집 할 것 없이 그 지역 구석구석에 골고루 나눠줘야 한다. 주먹구구식의 고지식한 방법으로 기부하는 사람은 반드시 가난한 사람들의 어려운 살림 형편을 봐야만 한다.

클럽에서 들은 이야기를 기록한 것에 불과하지만, 이러한 사례는 신문 사회면의 단골 기사다. 내세울 건 못 되지만 왕년에 내가 OO

18 수레바퀴 자국에 괸 물에서 괴로워하는 붕어. 몹시 곤궁한 처지나 위급한 상황에 처한 것을 말한다(『장자』 「외물」편).

의숙에서 수학하던 시절, 세상 물정 모르고 자란 철부지들 사이에서 찬모 퇴치라는 것이 유행했었다. 정신이 나갔던지 어울리던 패거리들과 작당해서 난동을 피우고 무장봉기하듯이 넓은 식당에서 밥통, 접시, 상, 밥공기를 손에 잡히는 대로 내동댕이치며 행패를 부린 기억은 아직도 잊을 수가 없다. 몇 해가 흐른 지금, 이 빈민클럽에서 그것이 빈민사회에 돌아갈 혜택이었다는 것을 들으니 충격이다. 나이가 지긋한 사람은 잔반의 역사를 세세하게 기억하므로 잔반은 이따금 빈민 이야기를 집대성했다는 방증으로 곧잘 인용된다. 20년 전 문호를 개방한 도쿄가 육군단의 부지가 될 상황에 맞닥뜨렸을 때 당시 가난한 서민들은 듣던 대로 짬밥은 거들떠보지도 않았다. 짬밥 처리 문제로 부심하던 찬모는 급기야 배를 저어 시나가와品川 바다에 가서 투기했다. 지금은 그것마저 돈 주고서라도 사기 힘든 지경이니 상황이 얼마나 절박한지를 보여주는 증거라 하겠다. 아니면 교활한 장사치들이 주방에 드나들며 남은 음식을 경매하고, 인색한 찬모는 그들과 내통하여 잇속을 차리니, 가난한 사람은 갈수록 비싼 값을 치르고 음식을 먹게 된다. 상인이 없는 경우에만 아깝게 바다에 내다 버리던 허드레 음식은 겨우 빈민들 차지가 된다. 그러나 미리 중간에서 서로 편의를 봐주면 포진천물暴殄天物(『서경』「무성」편에 나오는 말)해도, 즉 하늘이 낸 물건을 아까운 줄 모르고 허비하거나 함부로 버려도 가난한 사람은 늘 굶주릴 수밖에 없다. 언제 숨어들었는지 '돈은 날개가

빈민을 모아놓고 곡식을 나눠주다

없어도 날고, 발이 없어도 달린다無翼而飛無足而走'는 무서운 경제 원리가 이 암담한 세계의 비렁뱅이나 먹던 잔반 거래에까지 작용할 줄이야. 요컨대 언젠가 당통, 마라[19] 같은 사람이 나타나 빈민 신문을 발행할 계획으로 자료를 수집한다면, 빈민클럽에서 들리는 사회면 기삿거리가 제격일 듯싶다. 당분간 편집장 노릇이나 열심히 하련다.

이리하여 며칠간 잔반야에 머무르면서 반쪽은 빈민클럽의 서기로서 그들의 실상에 관한 보고서를 작성하고, 나머지 반쪽은 찬모, 에치고 덴키치로서 유사시에 대비하여 눌은밥, 말라비틀어진 단무지를 양념해서 공급하는 일을 했다. 그나저나 태평한 세상에서는 거의

19 조르주 자크 당통 Georges Jaques Danton (1759~1794), 장 폴 마라Jean Paul Marat(1743 ~1793)는 모두 1789년 프랑스 대혁명의 지도자다.

무용지물인 나도 이 집에 온 뒤로는 하루라도 없어서는 안 될 대단히 유능한 관리자로 대우받았다. 하지만 나는 본디 일개 세계탐험선이다. 넓은 세계를 관찰하려면 같은 항구에 오래 정박하지 못하므로 얼마 후에 닻을 올리고 출항할 예정이다. 일단 앞서 말한 노동자 숙소인 야헤에 씨 댁을 부두로 삼아, 출발하기 전에 잠시 나침반으로 항로를 조사하고 항해 경비로 일하고 받은 일주일 치 급료 25센으로 게다 한 켤레를 장만했다.

돈벌이를 찾아서 전 세계인이 몰려드는 샌프란시스코 항구처럼 이 노무자 합숙소는 각양각색의 사람들로 북새통을 이룬다. 대개는 엣추越中, 에치고越後, 가가加賀, 에치젠越前 등의 호쿠리쿠도北陸道 지방 출신이다. 캘리포니아 은광(1880년대에 캘리코 은광을 비롯해 캘리포니아가 스페인령이었을 때부터 은광 개발 붐이 일었다)의 노다지를 꿈꾸듯이 급료만 세다면 닥치는 대로 일하겠다는 각오로 새로운 희망을 품고 찾아온 사람들 일색이다. 힘이 장사인 일꾼, 나가타정永田町의 관저에 입주해서 마부로 일하려는 사람, 기루妓樓(기생집)나 일본 요릿집, 포목점, 술 도매상 같은 부잣집의 취사부, 공중목욕탕의 물 긷는 사람, 메밀국수 집 배달부, 쌀 찧는 사람, 술 담그는 사람 등등 원하는 직업도 천차만별이다. 도쿄가 다른 현에 비해 돈벌이가 짭짤한지를 묻자 저마다 기구한 사연을 털어놓는다. 3년을 필사적으로 일해서 모은 돈을 어떤 운하에 투자했다가 파나마 운하 사업처럼 중도 하차해서 무일푼이 되었다며 후회하는 사람, 기대했던 만큼 돈벌이가 시원찮아서 도쿄보다는 차라리 홋카이도로 가는 편이 낫다는 사람, 삿포로 대화재[20]로 전 재산을 잃고 호구지책을 찾아 떠돌다가 다시 이 대도시로 흘러들어왔다는 사람, 아니면 에치고 덴키치의 의발衣鉢(스승이나 선배에게서 전수받는 학문·기예 등의 비법)을 이어받아 포목점에서 3년, 술도가에서 7년을 고용살이하며 받은 급료를 부지런히 모아 해마다 30냥씩 고향에 부치는 억척빼기……. 대부분 불학무식하고 간계를 부릴 줄 모르는 순박한 사람들로, 고향에 연통을 보낼 때는 2센 내지는 2센 5린을 내고 편지를 써달라고 부탁한다. 또한 옷가지와 버선 등을 넣은 버들고리짝(키버들의 가지로 엮어서 만든 상자)을 4폭짜리 무명 보자기로 싸서 애지중지한다. 일력(매일 한 장씩 떼어내는 달력), 혹은 고진 고요미荒神曆라고 해서 삽앙적插秧的 올머낵almanac,[21] 즉 민간력民間曆처럼 운수 사나운 날을 상형문자로 달력에 표시한다. '히간彼岸(춘분이나 추분 전후 각 3일간을 합한 7일간. 일본의 성묘 기간)' '하치주하치야八十八夜(입춘으로부터 88일째. 5월 1~2일경으로 파종의 적기)' '도요土旺(입하·입추·입동·입춘 전의 18일간. 여름 도요인 7월 27일, 도요노시노히土用の丑の日에는 장어구이를 먹으며 더위를 이긴다)' '오봉お盆(조상의 넋을 기리는 명절. 본디 음력 7월 15일이었으나 메이지 시대 이후로 양력 8월 15일에 치름)' '니햐쿠도카二百十日(입춘에서 210일째 되는 날. 9월 1일경을 전후로 태풍이 자주 붐)' 등등. 그리고 고장의 수호신을 모신 사당의 '부적'이나

---

20 메이지 25년(1892) 5월 4일 밤, 거센 강풍으로 삿포로에서 발생한 미증유의 대화재. 불길이 번져서 887채의 가구, 삿포로 경찰서, 중심가와 상업요지 등 전 시가지 5분의 1이 소실되었다. "결국 시가지가 크게 쇠퇴하는 결과를 초래, 이주민들이 속출해서 26년에는 빈집이 실로 1000여 채에 달했다. 슬프게도 흡사 메이지 6~7년의 쇠 퇴했던 시절이 재현된 듯하다"(『삿포로구락사札幌區史』)고 전했다.

젠코사善光寺 여래의 '호신부'를 품에 넣고 다니며, 악착같이 모은 돈으로 논과 밭 몇 단보段步(1단보는 약 1000제곱미터)를 사려고 5년에서 7년간 죽자 사자 일하는데 십중팔구는 목적을 이룬다.

전쟁에서는 밥을 지어 배식하고, 군대에서는 운송을, 시골에서는 경작을, 도시에서는 주방 일을 하지만, 밑바닥 인생살이에서 좀체 벗어나지를 못한다. 그래도 정신은 건전하고, 평소에는 온순하다. 몸으로 하는 일 외에는 바라지 않으며 노임을 요구할 때 외에는 크게 욕심부리지도 않는다. 오로지 숲이 울창한 첩첩산중의 고향과 오곡백과 무르익은 기름진 밭을 최후의 낙원이라 믿기에 한눈팔지 않는다. 비록 소설처럼 극적이거나 환상적인 인생은 아니지만, 그들에게는 마멸되지 않는 지침이 있다. 이 불치병(학문하는 병)만 아니면 당장 순결한 피가 흐르는 이 사람들과 자진해서 어울리련만. 아무튼 당시 나는 상류층을 위해 일하는 100명의 정치가보다 세상의 밑바닥에서 묵묵히 일하는 이런 인물 한 명을 만나는 것이 더 기뻤다.

며칠 머무르면서 그들의 서한을 대필해주고 기별이 오면 읽어주었더니, 과분한 존경을 받기도 했다. 한편 그들의 행적을 관찰하고 크게 깨달은 바가 있다. 흥미로운 사실을 탐구하려면 출항하기 전에 반드시 다양한 인종이 집결하는 방면으로 키를 잡아야 한다. 전 세계를 주유할 목적으로 동양의 사정을 알려면 우선 홍콩, 상하이, 고베神戶, 요코하마를 빼놓을 수가 없다. 뉴질랜드의 이름 없는 항구, 캄

21　삼앙揷秧은 모내기를 뜻하고(秧은 벼의 모종), 올 머닉은 달력이나 연감年鑑을 말하므로 합쳐서 농사력農事曆, 민간력을 뜻한다.

차카의 쓸쓸한 바닷가에 배를 대고 행인들의 모습을 묘사한다. 유곽, 시장, 이것이 마지막 과제인가? 싸구려 숙소, 공사판 막노동꾼의 숙소, 예인들, 장색조합도 알맞은 분야가 아니고, 마냥 일을 가릴 수도 없는 노릇이어서 직접 비교하며 알아보기로 했다. 그런데 마침 소개의 신이 손을 썼는지 의외인 곳에서 당분간 일꾼으로 쓰겠다며 찾아왔다. 적잖이 놀란 내가 어떤 곳인지 묻자 근처 채소 가게인데, 실은 얼마 전에 일하던 구매 담당자가 도망치는 바람에 애로가 많으니 당장 후임자로 고용하겠다고 했다.

10. 신아미정

신아미정新綱町은 도카이도東海道에서 보면 구 에도성江戶城의 입구로서, 시바우라芝浦 해변에서 가깝고 요쓰야四谷, 시타야의 두 빈민굴이 서로 마주 보는 정삼각형의 끝점에 있는 구역이다. 500여 채의 폐가가 모여 있는 궁핍한 백성의 거처는 도읍 안의 여섯 군데 빈민굴 중 단연 으뜸일 정도로 대단히 누추하고 불결했다. 말 만들어내기 좋아하는 사람이 그 꼴을 목격했다면, 주제 파악한 천하제일의 가난뱅이들이 떼 지어 사는 구역이라고 했을 것이다.

사메가하시의 가옥은 객차처럼 칸을 막아서 여러 가구가 거주하는 연립주택(나가야)인데, 질서정연하게 배열해 비교적 깨끗한 인상을 준다. 만넨정은 퇴폐하고 매우 혼잡한 동네지만, 집집이 평화롭고 조용해서 그리 허름해 보이지는 않는다. 그러나 이 땅에는 온갖 불결한 것이 어지러이 널려 있어서 무질서의 극치를 이루고, 햇볕이 내리쬐는 땅은 사방이 흙탕물 웅덩이이며, 썩은 쥐까지 나뒹군다. 실로 일본 제일의 쓰레기장임을 자인하는 꼴이다. 청측에 벗어젖힌 게다가 무덤을 이루고,[22] 쉰밥과 썩은 물고기 같은 오물이 길가에 지천으로 버려진 광경을 뒤로하고 다시 길을 갔다. 인생의 밑바닥까지 추락한 사람의 얼굴을 떠올리게 하는 처마 밑의 떨어져나간 벽은, 흡사 포격 당한 야전 병영을 보는 듯하다.

집도 다다미 5장(약 9제곱미터) 넓이는 드물어서 대개는 2자(약 60센티미터)의 토방이 딸린 5제곱미터(다다미 3장)짜리 협소한 공간에 휘갑친 돗자리 2장만 깔려 있다. 심지어 6.5제곱미터짜리 방에 병풍 대신 멍석으로 칸막이를 치고 부부, 형제, 노파에다 어린애까지 예닐곱 식구가 다닥다닥 부둥켜안고 누워서 비와 이슬을 피하는 집도 있다. 다다미가 없으면 톱질 안 한 널판때기에 멍석을 깔고 간신히 몸을 누인다. 말이 멍석이지 늙은 솔개 대가리처럼 그을리고 찢기고 바늘 땀이 군데군데 터져서 삐져나온 지푸라기가 날렸다.

살림살이라고 했댔자 집안을 통틀어 낡은 고리짝 한 개가 전부고, 불단에 매단 등롱마저 새끼줄과 어깨띠를 이어서 만들었다. 식기가 있긴 하지만, 죄다 이빨 빠진 데다 냄비와 솥도 멀쩡한 것이 없다. 부족한 것 천지라 질주전자에 국을 끓이려고 깨진 절구에 고리를 얹고 재를 담기에 그제야 그것이 화로라는 것을 알았다. 짐승을 도축하고 남은 혀, 방광, 창자, 간 등 버리는 내장을 사다가 간을 하고 꼬챙이

22　청측에 벗어재낀 게다가 무덤을 이루고圊厠放任朽屣塚をなし—청측은 뒷간, 변소를 말하고, 극屣은 나막신을 뜻한다. 고로 대소변이 튀어 있는 썩은 게다를 아무렇게나 벗어젖혀 산처럼 쌓여 있는 상태를 말한다.

에 꿴 뒤 푹 삶아서 길가에 냄비를 차려놓고 판다. 신난 조무래기들은 주위를 알짱거리면서 맛을 보고 내장의 이름을 일일이 되뇌며 솥에 든 맛좋은 음식을 구경한다. 빈민가에만 있는 일종의 요릿집인 셈이다. 값은 2린. 여덟 살쯤 돼 보이는 여자아이가 아기를 등에 업고 있다. 10개월이나 됐으려나. 눈이 초롱초롱하지도 않고, 아직 이도 안 난 녀석이 옹알이하다가 입에 꼬치를 넣어주자 젖처럼 감빨면서 더 달라고 울어댄다. 어떤 꼬마들은 죽은 고양이를 묻어주려고 측간 옆을 파느라 야단법석이고, 다른 한쪽에서는 구정물 웅덩이를 비우느라 꼬마들의 온몸이 시궁쥐처럼 꾀죄죄하다. 그 불결하고 추한 장난은 아이들의 아버지와 형이 밤낮으로 하는 일을 흉내 낸 것이다. 그래서 부모는 아이들의 거울이라고 하지 않던가.

이 빈민굴은 원래 남과 북으로 나뉜다. 남쪽 강변은 가게들과 가까워서 덜 궁상맞아 보인다. 채소가게, 막과자(또는 한 푼 과자) 가게, 싸구려 잡화를 파는 구멍가게(분큐텐文久店), 어물전, 숯과 장작 파는 집, 니우리야煮売り屋(간편한 식사와 차, 술을 팔았던 일종의 간이식당. 조리한 생선과 채소를 판매한다는 뜻), 절임반찬·잡어雜魚·바지락·말린 자반 생선 등을 파는 가게들, 버선·잠방이·주반襦袢(기모노 안에 입는 속옷. 섶 대신 깃을 앞자락까지 달며 소매통이 넓다)·넝마조각을 기워 파는 가게, 이부자리 대여점, 잔반야, 허름한 고물상, 점쟁이 집, 뜸쟁이 집과 편지 대필해주는 집, 게다가 디딜방아 하나를 놓고 발로 밟아 쌀을 찧는 쌀집까지 있다. 그리고 자잘한 손님의 수요에 맞춰 백미 한 홉 가격을 기준으로 파는 고만고만한 규모의 갖가지 일용품 판매점이 있어서 좁고 지저분하긴 해도 그럭저럭 시중 상가의 모습을 갖추고 있다. 북쪽은 순전히 이 일대 무직자들의 거처다. 절반 가까이가 비렁뱅이여서 허물어져가는 판자벽 갈라진 틈에 넝마조각과 신문지를 발라 간신히 남의 눈을 피한다.

이 빈민굴에서 생계를 이어가는 기술자들을 중요한 순서대로 열거하자면 첫째로 인력거 차부가 절반을 차지하고, 날품팔이꾼, 공사판 장색, 넝마장수를 비롯한 바지락 파는 사람, 아시다足駄(비올 때 신는 굽 높은 왜나막신)를 수선하는 사람, 라오야, 주물공, 보로시襤褸師(넝마장수에게서 넝마를 사들이는 도매상이나 고물상을 뒤져서 시체, 병자, 변사자 등이 입었던 옷을 사다가 파는 사람), 재를 사는 사람, 통메장이(통을 메우거나 고치는 일을 업으로 하는 사람), 잿날 대목을 노리는 각종 영세 세공인들이다. 이들이 하는 장사는 이 바닥에서 그나마 윗길에 든다. 비가 많이 와서 공치지 않으면 몇 푼이나마 벌 수 있으므로 하루하루 근근이 살아간다. 하지만 이들보다 벌이가 못한 장사치들은 입에 풀칠하기도 빠듯해서 일 년 내내 가난과 고생을 면치 못한다.

뭍에서 하는 일이 생업인 사람은 어울리다보면 자연스럽게 장사꾼 기질이 몸에 배지만, 바다에서 일하는 사람은 밤낮으로 물고기와 씨름하니 습관이 저절로 어부를 닮는다. 그물로 바꿔 잡고 하류에서 새우를 건지는 사람, 대야를 띄워놓고 얕은 여울에서 바지락을 줍는 사람, 문절망둑 낚시와 아마나甘菜(해변에 자생하는 해초. 단맛이 나는 나물) 채취를 생업으로 하는 사람은 작대기와 항아리를 하나씩 들고 사미승(비구의 자격을 얻지 못한 소년승)부터 모은다. 재력이 있거나, 지혜로운 사람, 글자를 깨쳤거나, 익살스러운 사람은 모두 제 밥벌이는 한다. 쪄리나 낫토를 파는 사람은 본디 영세하고 이문이 박해서 매상이라고 했댔자 분큐센으로 기껏해야 5~6센이지만, 어쨌거나 그 돈으로 대여섯 식구를 먹여 살린다. 그런가 하면 영험한 신통력을 잃어버린 사람, 뜬금없이 들어와서 연명하는 사람도 많다. 안마사나 침술사, 병, 재난, 부정을 물리치는 가지기도加持祈禱의 법력이 뛰어난 야마부시山伏(나라 시대의 수도자 엔노 오즈누役小角를 시조로 하는 원시적인 산악신앙과 밀교가 혼합된 슈겐도修驗道의 수도승), 사주쟁이, 무당, 점성술사 등등.

약장수의 가설 흥행장을 지키는 문지기도, 도박장의 망꾼도 모두 이곳 출신이다. 날래기는 나는 새 같고, 영리하기는 엔코猿郎(서일본 일대의 하천에 사는 원숭이를 닮은 갓파河童의 일종. 강에서 사람이나 말을 물에 빠뜨리곤 하는데 원숭이 털을 갖고 있으면 습격하지 않는다고 함) 뺨치는 열두서넛 된 닳고 닳은 아이들이다. 신사와 불당에서 제례를 올릴 때 의관을 정제한 군중 뒤에 숨어서 구걸하는 족속, 소매치기, 들치기와 더불어 대낮에 남이 맡긴 금품을 들고 튀는 낮도둑畫鳶(히루토비나 히

루톤비라고도 함)까지 이 구역에서 탐정이 예의주시하는 이들만 해도 30~40명이 넘는다고 한다.

11. 기한굴의 일일 경비

　의식주 세 가지 중 빈민을 괴롭히는 가장 무거운 짐은 집세다. 신아미정, 사메가하시전 등은 물론이고 다른 빈천지에서도 날품팔이 영세민을 대상으로 지은 집들은 대개 날마다 돈을 걷는다. 월정액을 청구할 수도 있지만, 하루 벌어 하루 먹고 사는 사람이 목돈을 내기란 불가능에 가깝다. 따라서 이것을 일일 경비에 포함시켜 매일 혹은 격일로 받는다. 등급이 높은 집의 집세는 하루에 4센. 내부에는 약 6.5제곱미터(다다미 4장 반. 일본의 전통적인 방 크기)에 3.3제곱미터(다다미 2장) 크기의 작은 사랑방이 딸려 있어서 제법 그럴싸하다. 가난한 사람들 중 그나마 형편이 나은 사람의 거처로 기한굴에서는 보기 드물다. 객차처럼 생긴 연립주택은 가로로 5제곱미터(다다미 3장)이며 바깥에 발판을 놓고 설거지를 하게끔 되어 있다. 그저 가림막에 불과한 오두막은 일반적으로 하루에 2~3센 정도이고, 집 뒤 공동변소에서 한 줄에 입주한 10가구가 남녀 구분 없이 용변을 보는 데 최소한 월 40~50센은 든다. 심하게 파손되어 방치된 모양새가 들짐승의 집과 얼추 비슷하다. 그러나 설사 가림막 구실만 하는 게딱지만 한 집일지라도 날마다 3센 이상 계산해야 한다면 영세민 입장에서는 막중한 부담이므로 대개 갑과 을이 함께 살면서 살뜰하게 그럭저럭 살림을 꾸려나간다. 헌 옷 장수는 넝마장수와 함께 살고, 잿날 대목을 노리는 영세 세공인은 행상과 살고, 날품팔이는 차부나 공사판 막노동꾼들과 살고, 그 밖에 마술사는 마술사끼리, 맹인은 맹인끼리 산다. 그렇게 같은 업종에 종사하는 사람들끼리 모여 살며 부담을 더는 것이다.

한 달 수입이 10엔인 사람은 5엔을 주방 살림에 드는 일체의 잡비로 내고, 나머지 5엔으로 집, 의복, 침구, 집기, 신발, 각종 일용잡화 비용으로 충당하므로 생활이 빠듯하다. 한마디로 하루살이 신세인 셈이다. 고생살이에 찌든 이들에게는 맘 편히 놀 여유도, 교제를 즐길 돈도 없다. 몸치장은커녕 저축도 언감생심이다. 그러나 의식주 세 가지를 해결하는 것만이 능사는 아니다. 아무리 생활이 곤궁해도 부득이한 사정으로 쉬는 날, 교제, 불의의 재앙, 경조사처럼 불가피하게 가욋돈이 드는 일이 생기기 마련이므로 더더욱 가난의 굴레에서 벗어나지 못한다. 빈민굴에 사는 사람의 하루 벌이는 훨씬 박해서 몇 등, 아니 몇십 등 아래의 저급한 곳을 전전한다. 당연히 하루 수입으로 의식주를 두루 해결하기란 불가능하다. 알량하게 번 노임은 쌀 한 되와 절임반찬 하나를 사면 바닥나므로 아내가 부업을 해서 집세에 보태고, 땔감은 내일까지 때며, 소금과 된장은 모레까지 아껴 먹으면서 겨우겨우 하루를 때운다. 꼭 필요한 옷가지는 눈먼 돈이 들어오거나 일숫돈을 빌려서 임시변통하기 전에는 달리 뾰족한 수가 없다.

차부의 영업은 기한굴에서 꽤 활발하다. 하루 노임이 30센이어서 빈천지의 일일 경비에 비하면 꽤 후한 편이다. 그러나 대여료, 짚신, 양초, 영업에 드는 제반 비용을 전부 제하고 나면 실제로는 10센 남짓 버는 셈이므로 생활이 팍팍하기는 공사판에서 날품팔이하는 사람들과 매한가지다. 장정이 육체노동으로 하루에 받는 돈은 22~23센에 불과하다. 늘 달랑달랑하는 살림인지라 기본인 쌀과 장작을 사고 나면, 때마침 주인이 귀가하기만을 고대하고 있었던 듯 자질구레한 것들이 여기저기서 서로 떨어졌다고 아우성치며 채근한다. 미처 지갑을 열기도 전에 노임의 절반 이상이 간장 1센, 된장 1센, 등유燈油 1센, 잡어 1센, 그리고 절임반찬, 담배, 차, 숯, 집세 대여료로 나비, 벌, 메뚜기처럼 날개 돋친 듯 날아간다.

몸으로 뛰는 노동자에 비해 다소 안정적으로 생계를 꾸리는 부류는 야상인들이다. '수제비'를 끓이고, 유부초밥을 만들며, 한 공기에 5린 하는 조잡한 '마카로니'를 만들어 팔기 위해 밀가루 석 되, 쌀 두 솥을 들여놓는데, 재료비는 하루에 20센을 넘지 않는다. 그들이 이문을 남기는 곳은 매상이 아니라 대부분 남은 음식이다. 팔다 남은 음식으로 입에 풀칠하고 판매 대금은 내일 장사할 밑천으로 돌리는 방법으로 겨우 이문을 챙긴다. 그러나 이것은 단지 밤일일 뿐 낮에는 한나절 내내 다른 일을 해서 하루 치 생활비에 보탠다. 바지런히 일하는 사람은 짚신을 두세 켤레씩 갈아 신으며 이른 아침부터 바지락을 팔고, 낮에는 열심히 앉은일座業(앉아서 하는 일)을 하며 밤에는 다시 노점상을 벌인다. 이는 빈천지 장사꾼의 풍습이다. 만일 연이은 비로 파리만 날리거나, 아니면 술 마시느라 돈을 축내서 전당포, 일수쟁이, 대여점 등과 거래를 텄다가는 무거운 이자를 짊어지게 되므로 12시간을 악착같이 일해도 쪼들린다. 흔히들 가난뱅이는 돌 위에서 산다고 한다. 맞는 말이다. 돌은 부시(부싯돌용 쇳조각)로 쳐서 불을 피우는 것 외에는 땅을 일궈서 곡식을 경작할 수도, 땅을 파서 물이 샘솟게 할 수도 없다. 요컨대 가난뱅이들은 단지 서로 부딪쳐서 댕긴 불로 그저 삶을 영위하는 것에 불과하다. 그들의 치열한 삶은 이어지는 '변통' 편에서 설명하기로 하겠다.

12. 변통

전당포, 일수쟁이, 계, 대여점 등은 관례에 따라 하층사회에 급전을 변통해준다. 사실 이들의 관례로 영세민들이 보는 이익과 손실은 대단히 복잡하다. 버젓한 연구가 요구되지만, 한가하게 구색을 갖출 때가 아니다. 신아미정, 사메가하시, 만넨정, 미카와정三河町 등 최하층민이 거주하는 지역에 들어선 전당포는 외관부터가 달랐다. 사면이 퇴락한 목불인견의 아파라스 집[23] 한편에 출입구가 외연히 솟아 있고, 화재에 견딜 수 있도록 두껍게 흙을 발라 광을 만들었다. 또한 철옹성처럼 벽돌담을 두르고 담장에는 쇠꼬챙이를 박아서 상당한 부를 축적한 재력가임을 과시했다. 고리대금업자나 대여점이나 친목계 계주나 성공한 원인은 구구하지만, 결론은 하나다. 전주들이 갖은 궁리를 다해 영세민의 고혈을 착취했기 때문이다.

그럼 착취에 골몰하는 그들의 작태를 간략히 설명하겠다. 당분간

---

23 アパラス堂. 폐가, 초가 집을 일컫는 가나가와현神奈川 고자군高座郡의 방언.

전당포와 대여점의 수습 점원으로서 이야기하겠다. 가난한 동네의 작은 전당포에서 벌어지는 참혹한 실상은 백문이 불여일견이다. 아무리 시국이 흉흉하기로서니 이 정도일 줄은 눈으로 보고도 차마 믿을 수가 없다. 고객이랍시고 조석으로 드나드는 사람들은 대개 공사판 날품팔이꾼, 차부, 넝마장수, 노렌시, 헌 옷 장수, 보테후리棒手振リ(생선행상. 멜대에 메고 팔러 다닌다고 해서 붙은 이름), 장색들이다. 저당 잡히는 물건은 보통 시루시반텐印半纏(등이나 깃에 옥호, 상표 등을 넣은 장색 등이 입는 윗도리), 잠방이, 주반, 침구, 모기장 등이지만, 극심한 가뭄이나 흉작으로 기근이 들면 서슴없이 밥통을 들고 온다. 어디 그뿐인가. 냄비, 솥, 쇠 주전자, 지우산紙雨傘(대오리로 만든 살에 기름 먹인 종이를 발라 만든 우산), 화로와 넝마조각, 낙면落綿(솜을 틀거나 실을 자을 때 생기는 솜 부스러기), 들통, 반다이盤台(생선장수가 쓰는 얇은 타원형 대야), 수레바퀴, 신발, 심지어 게다, 삿갓 등 최소한 10센 이상 값어치가 나가겠다 싶은 물건은 가져오면 그에 상응하는 액수를 빌려준다. 그러나 통상 저당 잡히는 것은 옷가지나 침구, 우산이며, 좀더 값나가는 것은 고물을 비롯한 구리와 철이다. 취급하기 불편한 물건은 두세 배 이자를 물린다. 이율은 규정상 1엔에 2센 5린으로 제한한다. 그러나 빈민가의 코딱지만 한 전당포에 거금 1엔이나 나가는 담보물을 내놓는 사람은 극히 드물다. 보통은 50센 이하로 20센, 10센짜리 물건들이 주류를 이룬다. 그리고 50센에는 1센 8린을 받고, 20센에는 1센,

10센에는 8린을 이자로 받는다. 즉 10센짜리 품목을 10명이 거래하면, 1엔을 대출해주고 한 달에 8센의 이익을 거둬들이는 것이다. 그러나 이것은 어디까지나 팔자가 늘어진 전당포의 계산법이고, 태반은 10센의 담보물을 잡았다고 해서 돈에 쪼들리는 영세민을 한 달씩이나 고이 내버려두지 않는다. 그러니 일주일은 어림도 없고 이틀, 사흘, 심하게는 조석으로 와서 다른 물건을 잡히고 바꿔간다. 예를 들면 밤에 저당 잡힌 밥통을 찾아갔다가 아침에 다시 주반을 맡기고 잠방이와 바꿔오는 식이다. 어찌나 뻔질나게 들락거리는지 필설로는 이루 다 표현할 수가 없다. 게다가 올 적마다 수수료로 8린 내지는 1센씩 날변을 무는데, 이것을 샤리捨利라고 한다. 빈민가의 전당포 열 곳 중 여덟아홉은 일명 고지키산御直参(에도 막부의 쇼군에 직속된 1만석 이하의 무사)이라고 부르는 이러한 손님들로 붐빈다. 규정 이외의 허용된 거래는 통장을 지참할 필요가 없다. 가끔 해당 물품 대신에 담뱃대나 수건 한 장을 성의 표시로 맡기면 무담보로 하루 이틀은 변통할 수 있다. 이런 때는 전당포도 일수쟁이처럼 번거롭게 저당물을 광으로 옮기지 않는다. 또한 귀찮게 일일이 장부에 기재하지 않아도 되니 가까이에 두고 조석으로 응대한다. 가난한 사람의 수입과 지출(벌이)을 조사하는 일종의 세관원이라고나 할까. 사실 전당포의 명예로운 고지키산은 고정부채인 샤리를 갚기 위해 하루 소득의 1할에서 2할을 꼬박꼬박 갖다 바친다. 미욱한 짓으로 보이지만, 영세민에게 대물림되어온 고질적인 관습이다. 그들 처지에서는 부득이한 실정이 있기 마련이다.

전당포 다음으로 바쁜 사람은 일수쟁이다. 1엔 빌려주고 하루에 3센씩 받으며 40일 동안 조금씩 갚아나가는 것을 소토 히나시外日濟し라고 한다. 또한 80센 빌려주고 하루에 2센씩 50일에 갚는 것은 우치 히나시內日濟し라고 한다. 둘 다 이자는 월 2할이다. 이중 수수료로 5센, 인지대로 1센을 제하면 실제 액수는 75~76센에 불과하다. 만일 기한 내에 전부 갚지 못하면 채권자는 얼씨구나 하고 잔액란에 액수를 약간 보태서 다시 원금으로 기재한다. 이자로 이자를 불리려는 수작이다. 이리하여 채무자는 평생 고정부채를 떠안고 산다. 봉 잡았다 싶으면 채권자는 일생 동안 찰거머리같이 붙어서 등골을 빼먹는다. 고객은 농사꾼과 같다. 뿌린 대로 거두니 자본금 1엔으로 일 년이면 어림잡아 360센을 만든다. 그러나 일수는 이자 계산 자체가 무의미하다. 대출한 당일부터 선이자를 떼므로 밑천 1엔의 3할 이상이 채권자의 호주머니로 들어간다. 그렇게 쥐어짜낸 돈으로는 곧바로 내일 다시 일수를 놓는다. 오른쪽에서 받아 왼쪽에 대출하고, 건너편에서 모아 옆으로 굴리는가 하면, 원금을 포함하여 이자를 불리거나, 이자를 모아서 원금을 만든다. 이렇게 버무리고 뭉쳐서,[24] 아침에 풀고 저녁에 거둬들이는 수법으로 일 년만 굴리면 하찮은 원금 1엔이 7~8엔으로 불어난다. 미세한 금가루가 결합해서, 즉 쥐꼬리만 한 이

---

24 무침요리를 하듯이 가늘고 고르게 쪼갠 것을 하나로 합치는 것을 말함.

자가 새끼를 쳐서[25] 재산이 기하급수적으로 불어난다. 받는 사람은 굳이 사기 치지 않고 오로지 착취에만 골몰한다. 뺏기는 사람도 절대 어리석은 것이 아니라 셈이 어두운 것일 뿐이다. 부채를 진 사람은 각별히 주의해도 채권자의 간교한 계략에는 당할 재간이 없으므로 만져보지도 못한 일숫돈이 나날이 불어난다. 마취제를 써서 살을 자르면 끔찍한 고통은 못 느낄지 몰라도 잠든 사이에 금쪽같은 피를 빼앗긴 사람은 몸이 쇠약해지기 마련이다.

고리대금업자와 영세민 사이의 대출은 여러 사정상 어지간해서는 증서 한 통으로 끝나지 않는다. 변통하는 방법도 천태만상이어서 급전을 빌릴 때처럼 합의 증서를 쓰기도 하고, 혹은 저당이라고 해서 연극 개최자처럼 임의의 무형물을 잡히고 잠시 변통하기도 한다. 차부라면 세밑이 임박했을 때 채권자와 흥정해 정월의 사흘을 저당 잡히고 돈을 빌릴 수 있다. 즉, 장관을 연출하는 대도시의 설을 저당 잡히고 연말 총결산에 쓸 돈을 변통하는 것이다. 마치 개최자가 관람객의 입장료를 담보로 돈 이야기를 하듯이. 애초 쌍방 간에 약속만 된다면 황금 대목 사흘간 번 매상은 죄다 채권자의 소유이고, 실제 빚인 50~60센을 불과 사흘 만에 1엔으로 갚는 조건이어도 감지덕지한다. 물론 1년에 한 번 거쳐야 하는 난관이지만, 처자식의 나들이옷을 찾고, 노시모치伸し餅(긴 네모꼴로 납작하게 만든 떡) 하나라도 사가려면 별수 없다. 후지산 꼭대기에 올라가서 한 사발에 2센인 밥, 한 개

25 번식하는 것처럼 가지가 늘어나거나 덧붙어서 본전이 불어나는 것.

에 5센인 달걀의 유혹을 뿌리치고 허기를 참아야 한다. 설령 빌린 돈 60센이 1엔이 되고, 떡값으로 쓴 10센이 18센이 되더라도 새삼스럽 게 주저하지 않는다. 은혜기일 저당恩日書入(온비카키이레)[26]은 대개가 이러하다. 돈놀이하는 집이 가장 이득 볼 때가 또한 가장 위험한 때 다. 1엔을 어떤 식으로 변통하든 손에 쥐는 돈은 기껏해야 75센이다. 시중에서는 한 말하고도 5홉의 쌀을 사는 돈이지만, 이런 식의 변통 에 의지해서 생활하는 사람들은 항상 7되 3홉의 쌀을 각오해야 한 다. 그래서 앞서 말한 세관 같은 전당포나 마름 뺨치는 대여점에 의 존해 겨우 생계를 꾸려가는 사람들은 1엔을 벌면 실제로 수중에 쥐 는 액수는 50~60센뿐이고, 이자로 붙는 백미 역시 6되로 올라간다. 아마도 메이지 시대(1868~1912)에 1엔의 이자로 쌀 6되를 부쳐먹는 유 일한 곳일 것이다. 옥을 먹고 계수나무로 불을 때는 호사는 역시나 천하제일 부호의 요리상이 아니라 영세민의 주방을 수식하는 말이 다. 고리대금업자의 횡포를 알면서도 참아야만 하니 이들은 일본에 서 가장 비싼 쌀을 먹는 사람들이다.

일수에 이어 위급할 때 찾는 곳이 대여점이다. 의복, 이불, 수레 등 을 빌려주는데 이불은 한 채에 8린에서 2센 사이다. 단, 비단 세 겹 을 위아래로 포개어 지은 이불은 대여료가 하룻밤에 30센부터 많게 는 50~60센이 넘는다. 그러나 이건 호의호식하는 사회에서나 찾는 사람이 있지 방한을 목적으로 하는 빈민가에서는 있으나 마나다. 의

26 온비恩日는 온케이비恩 惠日=恩敬日, days of grace 의 줄임말. 은혜기일이란 이 행일이 도래한 채무 이행에 대해 규정한 기일 외에 특전 으로 더 주는 유예 기일을 말한다.

복도 마찬가지여서 한 장에 3센에서 5~6센 정도 하며 대부분 삼류 연예인이 나들이용으로 하루 대여한다. 종류는 잠방이와 핫피法被(축제 때, 혹은 무가의 머슴들이나 직공들이 입던 옷. 통소매로 기장이 허벅지까지 내려오고, 등에는 커다랗게 상호를 넣는 것이 특징), 솜을 넣은 무명옷 등이다. 인력거나 수레를 끄는 노동자의 필요에 맞춰 공급하며 대개는 수레 대여업자가 겸업한다. 특히 빈민가에서는 이불 대여업이 성업한다. 혹독한 겨울 추위가 찾아오는 12월부터 이듬해 3월까지 넉 달간, 이른바 기한굴의 강적에게 무엇을 공급하든 간에 그 시기 빈민가에서 펼쳐지는 치열한 생존 경쟁에 견줄 만한 것은 없다. 여름에서 가을로 넘어가는 환절기에 영세민의 형편으로는 달랑 옷 한 벌조차 갈아입을 수 없다. 설사 구멍난 침구와 이불일지라도 그림의 떡이다. 햇볕을 쬐며 도테라(솜을 두껍게 넣은 소매 넓은 옷. 방한용 실내복이나 잠옷으로 입음)에 의지해서 아득바득 버티지만 12월에 접어들면 더 이상 햇볕만으로는 역부족이다. 이쯤 되면 이불 한 채 장만하고 싶지만, 벼락돈이라도 생긴다면 모를까 가당찮은 소리니 울며 겨자 먹기로 대여료에 의지할 수밖에 없다. 이재에 밝으니 처음부터 내켜서 대여료에 의지하는 영세민은 없을 터. 일 년 내내 어마어마한 이불 대여료를 치르느라 고생하다보면, 내년에는 기필코 새 침구를 장만해서 편히 자겠노라고 각오한다. 하지만 유감스럽게도 현실적으로는 그 각오를 실천할 재력이 없어서, 가엾지만 올해도 누구랄 것 없이 여전히 대여점의 신세를 진다. 독하게 마음먹었어도 현실의 벽이 몹시 높으니 대여업이 번창하는 것은 자연스러운 이치려나. 이러한 이유로 시바신아미정芝新編町은 340~350호가 거주하는 빈민굴에 침구 대여업을 하는 집이 7채나 된다. 성황을 이루는 집은 대개 40~50장에서 100장 정도의 상품을 갖추고 교체, 교환해준다. 그런데 12월이 지나고 1월 중순경이 되면 별안간 고객의 요청을 거절해야 할 정도로 물품이 달린다. 특히 센베이煎餅처럼 가장자리를 휘감친 돗자리가 없으면, 기워서 너덜너덜해진 것을 빌려 쓰고도 하룻밤에 1센씩 내야 한다. 모두 지지리도 가난한 집으로 모자 셋이 알몸을 부둥켜안고 잔뜩 움츠린 채 오들오들 떨면서 혹독한 추위를 힘겹게 견디는 모습이 애처롭기만 하다. 그래도 요금을 연체하면 가차 없이 침실로 쳐들어가서 소지품을 압수한다. 실로 피도 눈물도 없는, 무자비하고 무도한 상술이라고 밖에 할 수 없다.

일반적으로 전당포는 굶주린 영세민에게 돈을 빌려주고, 대여점은 추위에 떠는 영세민에게 물품을 빌려준다. 그러나 일부 개념 없는 인간들이 대여한 이불을 이용하여 간혹 뻔뻔스럽게 변통하는 일이 있다. 하룻밤에 2센인 이불이라면 전당포는 기꺼이 30센 이상 빌려준다. 나중에야 삼수갑산(일이 꼬여서 최악에 이를지라도 우선은 하고 싶은 대로 하겠다는 뜻의 속담)을 갈지언정 급한 불을 끄기에는 탁월한 계책이다. 그러나 죄가 발각되는 날에는 즉각 벌금을 물어야 하는데, 덮지도 않은 이불의 대여료로 매일 2센씩 내야 한다. 이 난국에서 벗어날 유일한 길은 재차 다른 계략으로 전환하는 것뿐이다. 계략은 곧 범죄이므로 또다시 벌금이 부과된다. 벌금으로 변상하지 않으려고 별 수 없이 다시금 세 번째 계략을 꾸미고, 세 번째 범행은 연이어 네 번째, 다섯 번째 범행을 야기한다. 이렇게 잇따라 과오에 과오를 거듭하다가 마침내 중죄에 이른다. 측은하게도 고작 30센을 융통하려다가 5엔 남짓한 거액을 빚지고, 대여한 이불 한 장 전당포에 잡혔다가 천지사방에 집 7~8채 값을 말아먹은 중죄인으로 지명 수배된다. 험난한 세상살이에 지쳐 계획이 수포로 돌아가자 범행을 저지르고 끝내 파멸에 빠지다니 참으로 언어도단이요, 발칙하기 짝이 없다. 하지만 그 원인을 찾으면 침소봉대된 사건에 불과하다. 그래서 빈민굴의 의논거리는 언제나 오십보백보다.

급전을 변통해야 하는 상황에서 전당포와 빈민들 사이에 오가는 물건은 결코 평범한 옷가지나 가재도구만이 아니다. 간혹 피치 못할 사정으로 놀림당할 줄 알면서도 조리한 음식이나 심어놓은 식물, 살아 있는 가축, 소금과 된장 같은 유동물을 임시로 맡기고 담보물을 찾아가기도 한다. 찢어지게 가난한 살림이니 차부는 수레바퀴를 빼고, 날품팔이꾼은 입는 시라하리白帳(노복이 입는 빳빳하게 풀 먹인 흰옷. 하쿠정이라고도 함)를 개키고, 세탁부는 옷가지를 싼다. 남이 맡긴 물건을 쓰는 것이 죄가 되는 줄은 아주 잘 알지만 참으려니 형편이 여의

치 않다. 갓 지은 밥이나, 간장이 가득 찬 통, 혹은 소철·금귤·석류나무를 심은 화분을 가져갈 경우, 본래 규정에는 없지만, 가게를 차리고 평상시에 미리미리 친분을 쌓아두면 약간 사정을 봐주고 급전을 변통해주기로 약속한다. 이러한 관습에 따라 한 곳에서는 집에서 기르는 고양이를, 다른 곳에서는 새끼 '카나리아'를 맡아준 예가 있다. 어디 그뿐인가. 어떤 전당포에서는 불단에 모시던 위패를 맡아준 적도 있다. 소철과 석류, 가축과 진기한 새, 그리고 위패가 어쩌다 이같은 치욕을 당하게 되었는지 진상을 조사하던 차에 한 편의 소설 같은 기사를 발견했다. 교활한 거지들이 판치는 사회에서는 두세 살쯤 된 가난한 집 어린애를 돈 주고 빌려서 변통하는 수단으로 이용하기도 한다. 즉, 장례나 제례를 행하는 곳에서 돈을 구걸할 때 인자한 사람의 눈을 속이려고 머릿수를 늘리는 수작이다. 생명이 있는 인간조차 여기서는 일종의 상품이 된다. 그러나 아무리 갈 데까지 갔어도 사람을 담보물로 잡지는 않는다.

27 아사쿠사 공원의 료운카쿠凌雲閣를 말함. 메이지 23년(1890) 10월 낙성. 영국인 윌리엄 버튼(1856~1899)이 설계. 높이 36간間(약 65미터) 남짓. 10층까지는 붉은 벽돌로 축조하고 11~12층은 목조. 팔각형. 공사비 5만 5000엔. 완공 당시 1층에서 8층까지 엘리베이터가 동시에 20명을 태운다고 해서 소문이 났다. 그리고 『시사신

13. 신도시

오사카는 16만 세대가 거주하는, 동서로 40개 정町에 걸친 부유하고도 큰 도시지만, 우뚝 솟은 덴노사天王寺 탑에서 내려다보면 한눈에 보인다. 교토는 아타고산愛宕山, 기요미즈데라淸水寺에서, 나고야는 샤치호코鯱鉾성에서, 요코하마는 노게야마野毛山에서 바다까지 한눈에 보인다. 그러나 도쿄는 높기로 유명한 료운가쿠凌雲閣의 12층[27] 꼭대기든, 아타고愛宕든, 구단자카九段坂, 우에노, 덴진다이天神台, 스루가다이駿河台(약칭은 슨다이駿台)든 어디에 올라가도 겨우 3분의 1에서 5분의 1 정도만 보인다. 그러니 맹인모상盲人摸象, 즉 장님이 코끼리 만지기나 다름없다. 그러면 덩치 큰 이 동물의 체내에서는 시시각각 생체 기능이 어떤 식으로 이루어질까. 쟁쟁한 내과 전문의인 수많은 박사가 수뇌부가 되어 각자 전문 부위의 병세를 진찰하고 매일 수만 부의 잡지와 신문을 통해 보고서를 발행한다. 그러나 생체기관은

報時事新報』 메이지 23년 10월 27일 자 「도쿄백년사東京百年史」에 "승강대를 타면 힘들이지 않고 8층까지 순식간에 오르내릴 수 있고, 우에노 숲 너머가 한눈에 보이며 흡사 죽순이 머리를 쳐든 듯이 보이는 센주 제융소千住製絨所(모직물 생산 공장)와 오지 제지소王子製紙所 굴뚝이 비경이다"라는 글이 실린 이후 12층이라는 이름으로 아사쿠사의 명물이 되었다. 다이쇼大正 12년(1923) 간토대지진 때 반파되어 공병대가 파괴했다.

성곽 밖까지 넓고 깊숙이 펼쳐져 있어 폐, 위, 어혈(혈액이 원활하게 순환하지 않고 신체 한 부분에 정체되는 현상)이나 순환장애가 생긴 곳, 섬유 조직이 얽히고설켜서 꼬인 부위는 제아무리 쟁쟁한 박사, 천하의 명의라도 완벽히 진찰하기 어려우니 덧없이 집착할 뿐이다. 아무튼 이 도시라는 동물의 생체 기능은 무지막지하게 원활해서 상품인 음식은 매일 수만 개의 짐수레로 중앙시장에서 각처로 운반된다. 또한 인간에 해당되는 혈액은 하루 6만 대의 자가용 인력거로 동서남북을 달리고, 섬유 조직과 세포는 골골샅샅이 누비며 끊임없이 방방곡곡으로 운반된다. 전체적인 기동성을 봐서는 1년이면 후지산도 너끈히 옮길 것이다. 여담은 이쯤 하자.

　대도시에서는 시시각각 땅을 고른다. 다 고른 땅 위에는 속속 집이 들어선다. 곳곳에 있는 다이묘大名(에도 시대에 봉록이 1만 석 이상인 무가) 저택이 차례로 헐리고 신도시가 된다. 미타三田에는 사쓰마가하라薩摩ヶ原, 혼조本所에는 쓰가루가하라津軽ヶ原, 시타야에는 사타케가하라佐竹ヶ原, 우시고메牛込에는 사카이酒井의 저택, 강무소講武所[28]의 훈련장, 미사키정三崎町의 벌판, 센다이仙台의 저택, 도이土井의 저택 등이 있다. 특히 이들 중 영세민의 편리를 최우선으로 하여 개발한 곳은 사타케가하라의 신도시다. 너비 3정(327미터)의 땅에는 2000여 채의 궤짝 같은 집과 막사 같은 상점이 줄지어 들어서고 신작로가 사방으로 뻗어 있다. 그중 가장 번창한 곳은 몸통을 통째로 내놓는

---

28 막부 시대 말기 막부가 하타모토旗本(에도 시대에 쇼군將軍에 직속된 무사. 녹봉이 1만 석 미만, 500석 이상인 자로 직접 쇼군을 만날 자격이 있음)·고케닌御家人 (에도 시대에 쇼군 직속의 하급무사)의 무술 수련을 위해 설치한 훈련소. 1854년(안세이安政 원년) 쓰키지 텟포즈築地鉄砲洲에 강무장을 설치하기로 의결하고 이듬해에 강무소로 명칭을 변경. 나중에는 바이신陪臣(무가의 주종관계에서 가신의 가신을 지칭하는 말. 마타게라이又家来라고도 함). 로닌浪人(무가 시대에 녹을 잃고 매인 데

말고기 집이고 즐비한 토속 메밀국숫집, 가락국숫집, 초밥집, 향토적인 물건들로 가득한 만물상, 채소장사, 어물전, 잡동사니 도매상, 엉터리 연극을 공연하는 조잡한 시설의 공연장, 경매시장 등이다. 지난달, 지지난 달, 어제, 그저께 내지는 작년, 재작년 등 개업한 날은 전부 제각각이지만, 유달리 색다른 분위기의 얄궂은 상품들 일색인지라 행인들의 눈이 휘둥그레진다. 어림잡아도 근방 몇백 미터 이내에 채소 가게 6채와 말고기 집 7채, 상설 연예장 6채, 어물전 4채, 고물상 12채, 생철장이 집 4채, 낙면 집 30채, 잡동사니 판매점 4채, 고철상 8채와 이나카 소바田舎そば(겉껍질로 만들어서 메밀향이 강하고 면발이 약간 거칠며 색이 진한 메밀국수) 집 6채, 초밥집 5채, 만둣집 4채, 니우리야 4채, 튀김집 3채, 밥집 5채, 대폿집 3채, 떡집 3채, 경매시장이 2곳은 되므로 이 일대에 어떤 사람들이 사는지 자못 알 만하다.

그런데 온갖 사람이 뒤섞여 살아가는 이 신도시에는 무시로 왕래하는 사람들의 눈길을 끄는 특별한 간판이 있다. 그것들은 남자 전용 이발소인 가미유이도코髮結床(에도 시대와 메이지 시대에 면도와 머리 묶기, 관冠이 닿는 이마 언저리 머리카락을 반달 모양으로 미는 사카야키月代를 하던 곳), 생선가게, 튀김집, 초밥집, 말고기 집, 니우리야의 낮은 바닥, 비좁은 가게, 엉성한 객실을 도배하다시피 했다. 헝겊이나 종이에 기이한 필치로 축하하는 글이나 그림을 그리고 어설픈 솜씨로 채색한 그 쪽지는 일종의 노시熨斗로, 바리바리 실어 보낼 품목들이[29] 적혀 있었

없이 떠돌던 무사)에게도 개방하여 검과 창 이외에 서양식 훈련과 포술砲術 훈련을 했다. 간다神田를 비롯한 여러 곳에 설치. 1866년(게이오慶応 2) 간다 오가와마치神田小川町 강무소는 육군소陸軍所로 명칭이 변경된 뒤 철거되었다.

29 개업을 축하하는 마음을 표현하고자 다양한 축하 선물 목록을 적어서 보냈던 종이. '노시'란 늘린다는 뜻의 노바시伸ばし의 줄임말로 '끝까지 오랫동안 발전하기를' 바라는 염원이 담겨 있다.

84
도쿄의 가장 밑바닥

다. 이를테면 겐兼공, 마사正공에게 돈 1000히키(1匹는 10센=100냥), 마른오징어 100마리(1속束), 나무찜통, 청주 10바리(360관=1350킬로그램), 칠복신七福神(복을 주는 일곱 신)과 보물선宝舟(칠복신이 타고 있는 보물을 실은 돛단배 그림. 정월 초이튿날 밤에 베개 밑에 깔고 자면 길몽을 꾼다고 함), 대형 도미, 단주로団十郎(가부키 배우 이치가와 단주로를 말함), 100만 냥 같은 식이다. 이는 오직 신도시에서만 볼 수 있는 간판으로 목수, 미장이 이하 모든 무지하고 순박한 갑남을녀가 취미를 발휘했다.

더군다나 잡동사니 가게라고 할 수 있는 넝마장수의 도가建場(단순한 도매상이 아닌 일종의 전주 같은 존재. 여러 명의 전속 넝마장수를 거느리고 매일 밤 수집해온 헌 물건들을 분류해서 무게와 시세에 따라 돈을 주었음)에는 헌 모자와 가방, 낡은 마구, 고리짝과 책상, 찬장, 구두, 옷농, 풍상한설을 맞은 갖가지 폐품과 파손된 집기로 가득하다. 또한 가게 앞에 산더미처럼 쌓인 누르죽죽하고 너덜너덜한 누더기와 너풀너풀 날리는 휴지더미에서는 3~5명의 여자가 파묻혀 머리털과 실보무라지를 골라낸다. 그 한편에는 헌 신문지와 잡지를 저울에 다는 사람, 빈 병을 드는 사람, 오하라이바코お祓い箱(이세신궁에서 나라의 모든 신자에게 나눠주었던 액막이 지폐 등을 넣은 작은 상자)를 실어온 사람, 폐기할 장부를 싸는 사람들로 시끌벅적하다. 이러한 정경 또한 신도시의 간판이다. 그리고 또 하나 빼놓을 수 없는 것이 있다. 거리를 오가는 차부, 공사판 막노동꾼, 상인들이 주인의 허락으로 갈대 발을 친 상설

연예장에 서서 공연을 구경할 때의 풍경이다. 데로렌 제문, 나니와부시浪花節(샤미센을 반주로 주로 의리나 인정을 노래한 대중적인 창. 로쿄쿠浪曲라고도 함)가 나오면 와자지껄하게 반즈인초베幡随院長兵衛(1622~1657. 본명은 쓰카모토 이타로塚本伊太郎. 난관을 피하지 않고 정면 돌파하기로 유명한 일본 협객의 원조), 스케로쿠助六(에도 시대 가부키 배우였던 7대 이치가와 단주로가 인기 있는 가부키 걸작 열여덟 편을 묶어서 발표한 '가부키 주하치반歌舞伎十八番' 중 하나인 『스케로쿠 유카리노 에도 자쿠라助六由緣江戸櫻』의 주인공)의 공을 요란하게 칭찬한다. 또한 말고기 집, 튀김집에서는 시루시반텐을 착용한 점잖은 남자를 부르더니 전단을 주며 천장 방을 소개한다. 그 집 하녀들 역시 머리에 붉은 헝겊을 쓰고, 목덜미에 향기로운 백분을 발라서 신도시 분위기를 물씬 풍긴다.

이러한 풍속과 경기만 제외하면 사람들의 낯빛은 흡사 물 만난 고기처럼 생기 있고, 활기차 보인다. 바로 새집으로 이사 가는 희망 때문이다.

14. 경매시장

 사방 3정(327미터)의 땅에 1000개는 됨 직한 손수레 같은 오두막과 판자나 양철로 지붕을 이은 막사 같은 상점이 각각 수십 채씩 들어서 있다. 상점가로 개발한 이 신도시에서는 오가다 눈이 맞아서 살림 차린 사람들이 허리띠를 졸라매고 산다. 하루속히 재산을 모아서 떵떵거리고 살고 싶은 마음이 세상 누구보다 간절한 이들이기에 이 지역에는 무슨 장사가 잘 맞는지 저절로 안다. 혹자가 가난한 세상의 편의주의라고 일컫는 자기 잇속 차리기의 하나가 경매시장의 건설이다. 구역의 몇백 미터 사이에 고물상 20여 채가 나란히 들어선 이 지역에서 의지할 것은 자연히 합의이므로 두 군데에 경매시장을 열었다. 집합장인 그 집은 임시 가옥처럼 양철로 하늘을 가린 20제곱미터짜리 점포(다다미 12장)로, 동업자 30~40명이 모인다. 모두 그 방면의 상인이며 개중에는 경매를 지휘하는 사람도 끼어 있다. 감정

인과 장부 담당자 한 명 외에 다른 상품을 투입하는 사람 두셋이 배후에서 흥정한다. 주로 고물상에서 잠자는 헐어빠진 잡화들이다. 목제품, 죽제품, 도기, 가죽제품을 비롯한 구리와 철 등의 쇠붙이, 유리, 종이제품, 돌 가공물은 물론이고 고리짝, 촛대, 찬장, 뒤주, 톱, 휴대용 붓통, 밥상과 공기, 책상, 장지障子(방과 방 사이, 또는 방과 마루 사이에 칸을 막아 끼우는 문), 꽃병, 족자, 화로, 동유지로 만든 우비, 지우산, 신발과 식기 그리고 도코노마床の間(바닥을 한층 높게 만들고 벽에는 족자를 걸고 바닥에는 꽃이나 장식물을 꾸며놓은 공간. 보통 객실에 꾸민다)의 장식품과 주방용품까지 가리지 않는다. 생활에 유용한 물건은 모두 상품이 되며 현물이 들어오는 대로 소정의 가격에 경매한다. 수수료는 3부 5리(3.5퍼센트)이며, 파는 사람과 사는 사람이 각자 1부(1퍼센트)씩 부담한다. 빈천지 인근에 이런 경매시장이 많은데, 오로지 최하층 상인을 대상으로 하고, 밑천이 짧은 고물상들이 임시로 융통할 때 합의로 맡아두었던 해지고 너절한 물건을 처분한다. 요쓰야 단스정簞笥町, 아자부 주반麻布十番, 시바 하마마쓰정芝浜松町, 핫초보리八丁堀 지역 내, 간다 도시마정神田豊島町, 혼조 소토데초外手町, 아사쿠사, 시타야의 각처, 그 밖에 상인의 형편에 따라 임시로 열리는 곳도 있다. 옛날에도, 그러니까 200년 전에도 오사카 빈민가에서는 이런 식으로 융통이 이루어졌다는 사실을 이하라 사이카쿠井原西鶴(1642~1693. 에도 시대의 시인·소설가. 『사이카쿠다이야수우西鶴大矢數』, 소설 『호색일대남好色

一代男』 등으로 일본 최초의 현실주의적 시민 문학을 확립)의 여러 저서에서
확인할 수 있다.

불쏘시개 같은 장작 한 묶음 값으로 2센을 선지급해야 하는 도쿄
의 부엌에서는 대나무 부스러기와 대팻밥은 물론 톱밥, 짚 부스러기,
거적, 숯가마니 또한 불쏘시개와 모깃불 재료로 사고파는 상품이다.
각박한 대도시 생활은 상인의 귀에 "정 안 되면 아궁이에 넣고 불을
지펴도 밥 몇 솥은 확실히 지을 수 있으니 땔감 값이라도 받아"라고
속삭인다. 벌레 먹은 찬장, 게이초慶長(1596~1615) 시대의 뒤주, 아시카
가足利(1338~1573. 아시카가가 정권을 잡았던 무로마치 시대) 시대의 파손된
장지, 가마쿠라 시대의 망가진 나가모치長持(의복이나 침구를 넣는, 뚜
껑이 달린 장방형의 커다란 상자. 양끝의 금속 고리에 작대기를 관통시켜 두 사
람이 메고 옮김)도 이런 심산으로 상응하는 가격을 매긴다. 그러나 앞
서 말했다시피 상대는 빈민들이다. 유사시에는 문짝을 부숴서 때기
도 하고, 통을 깨서 끓이기도 한다. 낡은 나가모치 하나라도 아쉬운
마당에 이보다 더 중요한 곳이 있을까. 어젯밤 쌀과 절임반찬은 샀으
나 아침에 땔 장작과 목탄이 없다. 일전에는 급한 김에 지붕 덮은 널
을 한 장 벗겨서 땠는데, 하필이면 축축한 것을 골라 불이 잘 붙지를
않았다. 하는 수 없이 다다미 반 장을 뜯어 불쏘시개로 썼더니 온 집
안이 먼지투성이가 되었다. 설상가상으로 궁지에 몰린 쥐가 싸놓은
오줌이 증발해서 단칸방에는 지린내까지 진동했다. 이는 도쿄의 암

울한 빈민굴의 부엌에서 12월부터 1월경까지 유행하는 고질적인 악습으로, 당대 대문호의 창작물에서는 볼 수 없는 풍경이지만, 인지를 붙여 보증하는 엄연한 사실이다. 행여 거짓인 듯싶으면 사양하지 말고 직접 와서 보길 바란다. 도둑이 든 듯 객실 한복판에 큼직하게 뜯겨나간 흔적이 확연히 보일 테니. 그리고 그들에게는 이런 일이 특별한 사건이 아니라 일상사란 점을 기억하라. 물자가 귀할 때는 궁여지책으로 낡은 나가모치 작대기 하나면 용케 밥을 네다섯 솥은 짓는다. 분명 불쏘시개로 쓰는 나뭇잎, 톱밥, 숯섬(가마니)에 돈을 쓰는 것보다 훨씬 실속이 있다. 그렇다면 벌레 먹은 문짝이나 궤, 아시카가 미닫이문足利障子, 가마쿠라 책상鎌倉机[30]은 물론이고 이 빠진 접시, 칠이 벗겨진 찬합, 부서진 밥상, 깨진 통도 모두 이 이치에 따라 상응하는 가치를 지닌다. 따라서 소쿠리, 된장 거르는 체, 도마, 부삽 등의 고물 역시 훌륭한 상품이 되기에 3부 5리(3.5퍼센트)의 수수료를 들여 활발하게 영업한다.

경매시장에서는 하나 혹은 한 벌의 물건, 다양한 예상을 토대로 합친 상품을 하나로 묶어서 가격을 매긴다. 이것을 출품이라고 한다. 사려는 사람들이 사방에서 말참견하며 값을 매기고, 가격이 높게 올라갈수록 사는 사람은 초조해지는 것이 경매다. 물론 경매가 이루어지는 동안 파는 사람이나 사는 사람 모두 서로 눈치껏 교활한 술수를 쓴다. 그러나 막판에 가서는 거의 떨이로 판다. 부당하다 싶으

30　이 책에서는 단순히 아시카가足利, 가마쿠라鎌倉 시대 같은 옛날의 물건을 가리킨다.

면 그 자리에서 바로 물리면 된다. 하지만 무게는 모두 옛날 관례와 격식에 따라 은 1냥(37.5그램), 금화 세 닢, 1에 5, 2에 5, 잇슈一朱(에도 시대 금은화) 한 관(3.75킬로그램)이라고 외친다. 은 1푼(1돈의 10분의 1)은 25센, 잇슈는 6센 2린, 1에 5는 한 돈 5푼으로 1센 2린에 해당된다. 내가 검사한 당일 매물은 거의 은 1푼 이하였다. 낡은 고리짝(버들이나 싸리채 따위로 함같이 만들어 종이를 발라 옷가지를 넣어둘 수 있게 만든 것), 손궤(들고 다니기 편하게 만든 작은 궤), 부엌세간을 포함해서 창호, 화분, 찻장, 오이비쓰, 질화로, 철기, 철망, 주전자, 물동이, 작은 자기 접시, 밥통, 사발, 남포등, 옻칠한 용기 등이 주류를 이룬다. 다소 고상한 물품으로는 족자, 꽃병, 매다는 등롱, 액자, 놋그릇, 오래된 불상, 대나무로 만든 꽃 꽂는 통, 병풍, 칸막이, 오래된 도검류가 있다. 이보다 상스러운 물건은 주방 잡화로 대야, 된장통, 소쿠리, 맷돌, 고타쓰(숯불이나 전기 등의 열원 위에 틀을 놓은 뒤 이불을 덮어놓는 난방기구), 흙으로 만든 풍로火地輪(목탄이나 조개탄을 연료로 쓰는 조리 도구), 도마, 들통, 이남박(쌀·보리쌀 등을 씻어 일 때 쓰는 함지박의 일종으로 안쪽 턱에 여러 줄로 홈을 파서 만든 그릇), 비젠 술병(유약을 쓰지 않는 도기. 철이 풍부한 토양과 소나무 장작의 재가 만나 산화철 박테리아의 작용으로 적갈색의 아름다운 문양을 가진 도기가 나옴. 비젠은 오카야마현의 옛 지명으로 일본 6대 도요지 중 하나), 간장, 된장, 시큼한 젓갈醢焉 등이다. 아울러 값이 1엔 이상 나가는 것으로는 오리단스艦簞笥(장의 일종인 듯하다), 불단이 있다.

각종 지궐련(종이로 만 담배) 제품, 비누, 치마분(歯磨粉)(가루로 된 치약으로 에도 시대에는 약장사 같은 사람들이 서랍 달린 작은 상자를 들고 다니면서 팔았다), 게다, 지우산 등 상당수가 재고품으로 보이지만, 일간 야시장으로 나갈 상품들이다. 또한 큰길에 늘어놓은 톱, 대패, 끌, 먹통(목공이나 석공이 먹줄을 치는 데 쓰는 나무로 만든 그릇), 망치, 흙손, 줄 등의 고물 목공 도구와 미장 도구도 경매한다.

15. 고물상

가구 수가 1000채라면 동업자끼리 공생하는 데 지장이 없다. 하물며 무려 30만이나 되는 밑바닥 인생은 모두 공생하며 살 수밖에 없다. 적어도 독자적으로 장사하는 사람은, 어떤 것이든 상도덕을 신성하게 여기고 준수한다면, 호구지책으로 고민할 필요가 없다. 그저 건강과 신중한 자세만 유지하면 된다. 자본은 10엔 이하, 벌이는 25센. 단, 사방 4리(16킬로미터. 1리가 한국의 10리에 해당한다)의 이 큰 시장에 산재해 있는, 무수한 군대 같은 집단에 소속된 상인의 자격으로서 지극히 온당하게 경쟁했다고 가정했을 때의 얘기다. 나머지는 각자의 운과 상술에 달려 있다. 혹자는 뜻밖의 험난한 난관에 봉착해서 집안이 풍비박산 나고 위태롭게 명맥을 이어가는가 하면, 혹자는 뜻밖의 성공을 거두어 일약 관리자의 지위에 오르기도 한다. 자본금 10엔으로 100엔을 융통해서 예산을 25센에서 50센 이상으로 불리면 도로변에 상점도 열고, 수습 점원도 부리게 된다. 그러나 군대를 통솔하는 상인의 생애는 가시밭길이다. 툭하면 차질이 생기고, 복병에 포격을 당해 만신창이가 되며, 총과 검을 모두 빼앗긴 채 자격 없는 패잔 무사로 전락하기 일쑤다.

고물상을 상대하는 거간꾼의 상당수는 대체로 연이은 실패로 인해 패잔 무사로 전락한 상인들이다. 따라서 물건을 거래하는 솜씨만큼은 갑주(갑옷과 투구)로 단단히 무장하고서 장군처럼 막사 안에 떡하니 버티고 있는 어느 자산가에게 뒤지지 않는다. 어떤 사람은 수중에 땡전 한 닢 없이도 용케 장사에 끼어들어 갑을 쌍방을 중개하고 약간의 구전을 챙긴다. 헌 옷 장수들 사이에서 메뚜기로 불리는 그들은, 매일 물건을 떼어다가 단골 도가를 돌고, 전당포나 고물상의 청으로 파치(깨지거나 흠이 나서 못쓰게 된 물건)의 값을 매긴다. 설령 수중에 착수금이 땡전 한 닢 없는 날에도 평소 성실하게 물건을 넘기며 쌓은 신의 덕에 여느 때처럼 매매계약을 성사시킨다. 그나마 약간의 이문이 남는 도가 물건은, 무게를 달아 시세대로 파는 넝마조각인데 2~3엔만 마련할 수 있으면 산더미처럼 떼어온다. 뒷골목 초라한 셋집에 사는 부녀자들이 부업 삼아 추리는 작업을 하다가 운 좋게 싸고 쓸 만한 물건을 건지기도 한다. 그러나 누더기 선별 작업에는 품삯이 들고 밑천이 바닥난 거간꾼에게는 남의 사정을 봐줄 여유가 없다. 구전(흥정을 붙이고 받는 보수)으로 1~2할을 챙기고 다른 도매상에게 흔쾌히 도매한다. 경매시장 관계자들은 주로 고물상 중개인이다. 친분 있는 여러 고물상의 위탁을 받아 경매시장에 출석해서 팔릴 만한 물건을 사고 점포로 운반한다. 또한 점포에서 빌린 파치를 시장에 내놓고 일반 상인끼리 유무상통有無相通하게 한다. 이런 흥정을 가장 필요로 하는 사람은 말단 상인이다. 이따금 여러 세대에서 팔아치운 살림살이를 인수할 때, 이 상인들이 우연히 만나 이문을 남기기도 한다. 퇴거할 때 불려가서 견적을 내고 파치 일체를 어느 정도의 값에 인수할지 담판을 짓는 것이다. 가령 지금 옷농 하나와 불단 하나를 팔려고 고물상을 불렀다고 치자. 갑, 을, 병 각기 다른 사람이 값을 매기므로 설사 동일한 자격일지라도 월권해서 1엔짜리 물건을 10센 이상 매기는 경우는 드물다. 다만 퇴거하기 전에 급하게 살림살이를 처분할 때는 이상하게도 갑을이 제시하는 액수에 차이가 생긴다. 한 명은 5엔, 다른 사람은 2엔이라고 매기며, 또 다른 사람은 간혹 견적을 10엔 이상 내기도 한다. 세간붙이의 감정가는 늘 이렇게 음흉하게 동업자의 눈을 속여 책정한다. 그리고 가끔 5엔에 인수한 가재도구 가운데 개당 가격이 7엔 이상 나가는 집기가 나오기도 하고, 잡동사니를 헐값에 팔아서 2엔의 이문을 남기기도 한다. 하긴 이런 때는 각자 수중에 여윳돈이 두둑해야 한다. 흥정은 성사되었는데 지급할 대금이 없을 때는 부득이하게 전주와 의논할 수밖에 없다. 그러면 물품은 아깝게도 모두 전주 소유의 보물산에 들어가고 기껏해야 보수로 수고비 몇 푼 받는 게 전부다. 분하고 원통한 마음에 상인은 고육지책으로 살림살이를 잡히고 고리대를 빌린다. 심지어는 처자식을 빨가벗겨서 꼬박 하루를 추위에 떨게 만들기도 한다. 자금을 조달해서 예상대로 이익이 남아도 담보물 이자와 고리대의 날변, 활동비를 제하면 적어도 이윤의 4~5할은 손해 보니 큰맘 먹고 시작한 모처럼의 장사가 헛물만 켜고 끝나는 때가 많다. 자본 없는 상인은 날개 없는 새와 같다. 고물상 밑에서 일하는 넝마장수는 본디 자본이 필요 없지만, 휴지 10관을 매입해도 이익은 8~9센에 불과하다. 넝마조각, 낡은 구리와 철은 약간 이문이 남는데 자본이 빈약해서 물품을 모개로 사지 못하니 본전보다 비싸게 팔 수가 없다. 그래서 대개는 폐품의 무게를 달아 시세대로 도가에 도매한다. 넝마장수의 돈줄인 도가는 1인당 20~30센에서 50센까지 자본을 빌려주고 장사를 독려한다. 마치 탐정이나 앞잡이를 시켜 죄과를 찾듯이 세력권이 큰 집은 도가 한 곳당 열네댓에서 스무 사람을 시켜 물품을 수집한다. 빠릿빠릿하게 일하는 사람은 50센의 자본을 조석으로 네다섯 번 운용해서 평균 2엔 이상의 재료를 운반한다. 그러나 이것은 어디까지나 능력이 출중한 사람들 얘기고, 의욕이 없어 온종일 해도 20센조차 활용하지 못하는 사람이 수두룩하다. 시중 상가는 12월에 접어들면 연말을 맞아 대청소를 하고, 이어서 온 세상이 고대하던 따스한 봄기운이 완연한 4월이 찾아오면 실로 다망하다. 이런 장사를 하다보면 낡은 불단에서 금과 은이 나오는 영험한 사건이나, 낡은 고리짝 바닥에서 진귀한 고대 니시키에錦絵(풍속화를 새긴 다색 목판화)가 나와 횡재하는 일이 왕왕 있다. 이런 일은 신문이 발행된 이후로는 한층 더 세상 사람들의 주목을 받는다. 조사에 조사를 거듭하여 어지간한 폐품이 아니면 넝마장수 소관일 뿐이지만, 주도면밀한 사람들은 솥 밑의 재에서 쥐가 싼 똥까지 긁어모아 가격을 붙일 정도니 요즘에는 그저 소설에나 나오는 일이다.

죽은 사람, 환자가 쓰던 침구와 옷가지를 손질해서 하얀 새 옷을 만든다. 익사하거나 목매달아 죽은 사람, 물에 투신자살한 사람, 약 먹고 죽은 사람, 칼로 자결한 사람 등 죽는 방법도 참 가지가지다. 어 쨌든 변사한 사람의 불결한 의복일지라도 고급 삼베로 지어서 질은 매우 뛰어나다. 일반인들은 혈흔 하나, 고름 자국 하나 없어도 오물 이나 되는 양 질색한다. 하지만 넝마장수는 이 불결한 물건을 거래해 서 짭짤하게 이문을 챙긴다. 진짜 눈물값(이별값)이기에 감히 값을 부 르지는 못하고 시가로 5엔은 나갈 만한 물품을 이별값으로 1엔만 받 고 돌아간다. 야바위꾼은 득달같이 햇볕에 말려 새 옷을 짓는다. 그 들 말로는 불결한 병상의 오물, 혈흔, 고름 자국이 오히려 잘 빠지지 않는 먹물 '잉크'보다 작업하기가 편하단다.

16. 좌식산공

아무리 재산이 많아도 놀고먹기만 하면 결국 다 없어진다는 뜻의 좌식산공坐食山空이란 말이 있다. 고릿적에나 쓰던 진부한 관용어이긴 하지만, 여전히 스탠리[31]가 했던 외국 탐험과 함께 지당한 일대 사실이다. 한 가족이 몰락해서 중류층에서 하류층으로, 하류층에서 밑바닥으로 전락할 때는 으레 무위도식하거나 가재도구를 팔아 생활하는 순서를 거친다. 이 사실은 영락한 집안, 특히 도시에서 생활한 거의 모든 가족이 밟는 전철이다. 얄팍한 빈민 신문이지만, 직접 취재했던 것이다.

한량으로 지내는 10~20년의 세월은 거의 인생 전체를 좀먹는다. 그러나 길어봤자 2~3년이고, 대개는 3개월, 5개월, 만 1년을 못 넘긴 채 명맥이 끊긴다. 도산한 대갓집 주인이 재기하지 못할 때, 집주인이 죽어서 식솔들의 거취가 불분명할 때, 모종의 재난이나 사정으로 부

---

31 Sir Henry Morton Stanley(1841~1904) 영국의 아프리카 대륙 탐험가. 신문 기자. 아프리카를 탐험하고 개발한 공로로 훗날 작위를 받고 하원의원에 선출되었다. 여행기로 『암흑대륙 종단여행』 『암흑 아프리카』 등이 있다.

득이하게 떠돌이 생활을 하게 됐을 때, 아니면 장사 부진으로 수지 타산이 맞지 않을 때는 어김없이 무위도식의 전철을 밟아야 하는 운명이다. 제일 먼저 집을 팔고 이어서 값나가는 옷가지와 물건을 내다 팔아 잠시 셋집에서 산다. 여관방에서 생활하고 교제가 줄며 행색이 초라해진다. 30엔이나 들던 생활비는 이제는 10엔으로 해결하고 쌀과 장작도 넉넉하게 사지 못한다. 생선장사, 채소장사도 처음에는 낯선 얼굴이라 일부러 불러 소박한 말로 위로하고 잘 대해주며, 부엌 살림에 드는 비용도 대폭 줄여서 그냥저냥 살아간다. 그러나 무위도식의 신은 본래 타격을 주어 목적을 이룬다. 여관방 생활이 영원할 수는 없다. 저금은 첫해에, 옷가지와 집기는 그다음 해에 탕진한다. 3년째 접어들어 빚이 대추나무에 연 걸리듯 하면 더는 꿔올 데가 없어 숙소에서 나가는 수밖에 없다.

첫해는 수중에 든 수백 엔으로 생활하니 먹고 놀아도 마음만은 고위 관료처럼 느긋하다. 그다음 해에도 수십 점의 재물을 팔아 생계를 꾸려가니 아직은 말단 관리처럼 아득바득 안달하며 살지는 않는다. 그러나 3년 차가 되면 빚에 빚을 내서 생활하는 지경에 이르므로 잡무에 쫓기는 도필리刀筆吏(구실아치를 얕잡아 이르던 말. 아전이 죽간竹簡에 잘못 기록된 글자를 늘 칼로 긁고 고치는 일을 했던 데서 유래)처럼 절박한 심정으로 밤낮 동분서주한다. 부자는 망해도 3년 먹을 게 있다는 말처럼 영락한 대갓집 출신은 조상의 음덕으로 몇 년간은 무위도식하며 명맥을 잇는다. 문제는 다른 모든 사람도 예외가 아니라는 것이다. 영세 상인이지만 해묵은 인연을 찾아 아쉬운 소리를 하면, 인정상 돈을 빌려주므로 그럭저럭 1년은 버틸 수 있다. 정 궁하면 처박아뒀던 증서로 소송을 걸거나, 분쟁을 중재하고 수고비 조로 약간의 돈을 받아서 놀고먹는다. 저당 잡힌 물건을 처분하고 받는 이별값으로 몇 달 생계를 유지하기도 한다. 돈 나올 구멍이 더 없을 때는 급기야 묘비까지 처분한다. 영화를 대물림한 부자는 난탑(대좌臺座 위에 달걀 모양의 탑신을 세운 탑으로 무봉탑이라고도 함) 한 기—基에 수십 엔을 쓰므로 허물어서 팔면 생활비는 족히 나온다.

이처럼 세간을 내다 팔아 생활하는 서글픈 현실은 생계가 얼마나 막막한지를 대변해준다. 처음에 집과 살림살이를 처분한 돈 1000엔은 이듬해에는 100엔보다 수명이 짧고, 3년째로 접어들면 100엔이 10엔보다 가치가 없어지는 것이 상례다. 예전 사례를 조사하니 도회지 생활을 동경한 시골 부자가 당시 3000엔에 가까운 화폐와 옷가지 일곱 짝 외에 자질구레한 살림살이까지 수백 엔 상당의 재물을 들고 상경했다가 3년여 만에 다 탕진하고 무일푼 신세가 되는 일이 종종 있었다. 혹자는 그래도 미련을 못 버리고 시골로 돌아간 지 1년 만에 친척과 오랜 지기를 설득해서 간신히 100엔 상당의 상품을 들고 재차 이주하기도 한다. 그러나 먼젓번의 무분별한 생활에 넌더리가 난 그들은 지난날의 뼈아픈 실수를 되풀이하지 않으려고 각별히 조심하며 꿋꿋이 수십 년간 생계를 유지한다. 3년간 살림살이를 팔아 무위도식하면서 세파에 시달린 사람들은 더러 운명을 개척하기도 한다. 세상 물정을 터득하며 자연스럽게 얻은 이득이랄까. 옷가지와 가재도구를 처분한 경험 덕에 헌 옷 장수가 되고, 고물상, 넝마장수, 거간꾼의 속사정을 이해함으로써 물건을 감정하는 안목이 성숙한다. 천금을 탕진하고도 그나마 용케 알거지가 아닌 고물장수가 된 선례다. 하늘은 사람을 저버리지 않으며, 스스로 돕는 자를 돕는다는 말에 이보다 더 적합한 예가 있을까.

17. 아침장

다이하치大八라고도 하는 큰 채소가게는 대형 짐수레를, 다이로쿠大六라고도 하는 작은 채소가게는 중간 크기의 짐수레를 몰고, 규모가 영세한 가게와 길거리 행상은 광주리 하나를 들고 저마다 시장으로 달려간다. 일요일도, 성대한 축제일도, 액일厄日도, 길일도 없이 1년 365일 아침마다 일상으로 하는 일이다. 시바芝·아카사카赤坂·교바시京橋 그리고 니혼바시의 채소상은 다이콘가시의 시장으로, 혼조·후카가와 사람들은 미카와시마三河島의 시장으로, 시바·아자부麻布 사람들은 메구로目黒의 시장으로, 고이시카와小石川·혼고本郷·시타야 사람들은 고마고메駒込와 야나카의 시장으로, 요쓰야·우시고메·아카사카 사람들은 신주쿠新宿의 시장으로, 아사쿠사·혼조·가사이葛西 사람들은 센조쿠千束·고즈카하라小塚原 그리고 혼조 각처의 작은 시장으로 물건을 떼러 간다. 이 방대한 대도시가 자연지리에 따라 연 지방적, 군읍적 청과물시장이다. 그리고 중앙 정부적인 중추의 대형 시장은 관할 지역 15개구 내의 채소상이란 채소상은 모두 모인, 과일과 열매를 취급하는 큰 '마켓'이다. 일반적으로 다초多町 청과물시장으로 불렀던 현존하는 이 큰 시장은 아침이면 도쿄에서 제일, 아니 어쩌면 일본에서 제일 성황을 이룬다. 15개의 크고 작은 구區를 에워싼 각 군郡의 무라村(지방자치단체의 최소 단위로서 한국의 면에 해당)와 고郷(군 안의 여러 면을 합친 것), 북쪽은 스나무라砂村 이동의 신덴新田 가사이 끝에서, 서쪽의 네리마練馬 마을에 이르기까지, 남쪽은 메구로目黒, 시부야渋谷 일대의 땅, 동쪽은 스나무라砂村 이동의 신덴 무사시新田武蔵의 6개 군, 시모우사下総 2개 군의 동산과 밭에서 크고 작은 짐수레로 오전 2시부터 8시까지 끊임없이 간다 다초로 상품이 들어온다. 사에기정佐柄木町, 신고쿠정新石町, 스다정, 미카와정, 렌자쿠정連雀町의 여러 동네를 메워서 큰 "세世"자를 이루는 무역의 장이다. 거리는 240곳의 청과물 도매상과 37곳의 마른 식재료를 파는 가게, 23곳의 초물전과 완구 도매상, 그리고 47곳의 짐수레 영업점과 12곳의 음식점으로 이루어진다. 주변 동네에서 몰려들어 500여 점포를 가득 메우는 인파는 산간에 개척한 소도시 하나를 채우고도 남을 정도다. 아침마다 모이는 인파가 무려 5만이라고 한다. 매일 아침 장관을 연출하는 이곳은 도매상 수로 따지면 거의 다 이콘가시의 10배나 되고, 면적으로 치면 오사카 덴마가시天満河岸 청

간다 다초의 청과물시장

과물시장의 3배나 될 만큼 호황을 누린다. 또한 거래되는 현금거래율은 어시장에는 약간 못 미치지만, 물자의 양과 가짓수, 광범위한 매매 구역에서는 월등히 앞서고, 어마어마하게 폭주하는 인파와 점포, 그리고 물자로 따지면 아침 시장 중에서는 단연 으뜸을 차지한다.

이따금 초가을 시장에는 형형색색의 채소와 과일이 출하된다. 풋콩, 가지, 옥수수, 희끗희끗하고 노르스름한 호박, 제철의 잘 익은 배, 층층이 쌓인 수박이 도로에 가득하고, 고구마줄기가 짐채만큼 쌓여 있다. 양하, 햇고구마, 유자, 까치콩 등은 반으로 자르거나 멍석에 펼쳐놓는데 사람들이 마음대로 밟고 지나간다. 발그스름한 햇생강, 뽀

얗게 씻은 삼 씨, 대포알만 한 서양종 수박洋種西瓜, 동아, 참외도 산처럼 수북이 쌓여 있다. 특히 절반 이상이 궤짝째로 거래되는 포도, 복숭아, 배는 적당히 하나를 골라서 맛본 뒤에 산다. 사면이 형형색색의 채소와 과일에 파묻혀 간신히 걸어서만 다니는 길은 입추의 여지 없이 손님들로 빼곡하다. 머리 위로는 소쿠리가 날아다니고, 발치에서는 짚신끼리 부딪치며, 짐수레는 바퀴끼리 맞물려 꼼짝도 않는다. 햇볕이 유기화학 작용을 촉진하여 흙이 만든 다양한 예술품이 오늘 아침에 갓 출하되었다. 양이 실로 엄청나다. 밭에서 빨아올린 진액을 수레로 운반하고, 산의 정기를 바구니에 담아 보낸다. 더구나 장사할 때 주고받는 말을 곁에서 들으면 얼마나 상스럽고 경박한지 모른다. 남양南洋(서태평양의 캐롤라인제도에서 가장 큰 트루크제도[추크 제도의 옛 지명. 현재는 미크로네시아 공화국의 중심 도시])에서 일본선의 남양 무역을 계기로 1893년에 방일한 산미 왕자가 했던 말보다 어려운 은어를 속사포로 쏟아내기 때문이다. '사르마타, 야겐, 론지, 다루마, 치기, 얏코, 세이난, 곤베'[32] 등등. 그뿐만 아니라 일기장(날마다 발생하는 거래 내용을 순서대로 기록하는 장부) 한쪽에 1시간 동안 적바림한 글자를 보니 속기사 같은 필법으로 휘갈겨 써서 산스크리트어로 된 초고보다 더 어려웠다. 율령에 적힌 대로 속히 처리하라는 뜻의 급급여율령急急如律令, 채소장사八百屋 진베仁兵衛를 '야호니八百二'로, 만물상よろず屋(요로즈야) 간베勘兵衛는 '요로칸'으로, 고지마치 반초麴町番町

---

32 모두 은어이거나 도둑과 차부가 쓰는 말이며 각 의미는 다음과 같다. 사르마타는 소매치기나 소매치기 수단을 의미한다(은어사전). 야겐은 도둑이 쓰는 말로 닭을 뜻하고, 론지는 가마꾼 계통에서 일하는 사람들의 부첩符牒(상품 값을 나타내는 은어나 기호)에서 6을 의미한다. 돈이 없는 손님을 지칭하는 용어는 화류계에서는 다루마, 도둑들은 소라마메, 약장수들은 하오리라고 부른다. 한편 돈을 뜻하기도 한다. 치기는 도둑과 약장수 사이에서는 10을, 연극판에서는 1을 뜻한다. 얏코는 생선장사

(도쿄 지요다구千代田區)의 겐시치源七를 '반겐ばん源'으로, 고히나타 스이도정小日向水道町(도쿄 분쿄구文京區)의 마사시치正七를 '히나시치'나 '히나마사' 또는 '고비시치' 등으로 줄여서 기재한다. 워낙 괴발개발 그려놓은 탓에 당사자조차 한 시간 뒤에는 야호칸八百勘인지 요로칸萬勘인지 짐작을 못 한다. 그러나 점심 식사 전 2시간의 열띤 거래 현장을 보면, 휘갈겨 쓴 산스크리트어나 트루크 원주민의 말처럼 느껴지는 은어가 이 마켓에서는 도매상, 짐주인과 다른 상인 간의 장사를 판가름내는, 없어서는 안 될 재료임이 종종 확인된다. 그리고 채소를 흥정하는 열띤 목소리, 북새통을 이루는 인파, 시끌벅적한 소리가 울려 퍼지는 어수선한 생활의 터전에서, 우연히 윌리엄 워즈워스와 악수하게 한 것은 시장 한구석에 가지런히 진열된 늦가을의 과일이었다. 회전하는 지구가 태양계를 벗어나 마치 석 달을 앞서간 듯 햇감과 햇밤이 누르스름한 빛을 띠고, 이끼는 말끔히 자취를 감췄으며, 가을 이슬을 맞은 젖버섯아재비初蕈(Lactarius hatsudake Nobuj. Tanaka)와 함께 풀로 싼 꾸러미 속에서 오늘 아침 청과물시장에서 본 것이 나왔다. 어찌나 신기하던지. 일본이란 나라는 산골짜기가 넓고 깊어서 엄동설한이어도 두메산골에서든, 바위 동굴에서든 죽순을 출하하고, 초봄에 오이를 늘어놓으며, 삼복염천三伏炎天(삼복더위)에 일찌감치 늦가을의 과일을 만날 수 있다. 이것은 이 시장의 특색으로, 나중에 이곳 대도시 주민들이 진귀한 명품 식재료를 즐겨 먹는

들 사이에서 25, 혹은 250을, 세이난은 차부들 사이에서 7센을 뜻한다. 곤베 혹은 곤은 5를 의미(곤은 5의 사투리)하며 도둑들은 다이즈大쿄라고 한다.

스나무라 신덴砂村新田의 수박선

호사를 누린다는 소문이 나라마다, 섬마다, 심산유곡으로 널리 퍼지면, 덴구의 신天狗の神(하늘을 자유로이 날고 깊은 산에 살며 신통력이 있다는, 얼굴이 붉고 코가 큰 상상의 괴물)이 아시고 깊은 산속의 원숭이가 늑대에게 알려서 이매망량魍魅魍魎(온갖 도깨비)이 식객을 몰고 올지도 모를 일이다.

다음은 이 시장의 겉모습에 관한 견해다. 아침에 도쿄에서 제일 성황인 이곳이 최하층민의 생활과 어떤 관계가 있으며, 어떠한 혜택이 돌아가는지를 확인하는 것은 중요한 과제다. 겨우 15~16센의 밑천으로 나물 한 짐, 산더미처럼 물건을 떼어오는 수백의 노렌시를 비

롯한 무수한 도붓장사. 초밥, 쑥떡, 꼬치경단, 빙과, 식칼, 새끼줄, 소쿠리, 바구니와 수첩, 담배, 휴대용 붓통(먹통에 붓통이 달려 있음), 사초로 짠 삿갓, 불쏘시개, 목패木牌, 돈꿰미, 갈퀴, 전복 껍데기 등의 식품과 생활용품을 들고 다니거나, 혹은 길에 서서 파는 꼬마, 처녀, 소상인. 그 밖에도 말린 살모사, 쥐똥나무벌레, 게통발, 덴구 노우메天狗の梅(진귀한 식물의 이름), 금광석gold ore(광물), 석영류石英類, 석류석, 가리비 등 산과 바다가 남긴 진귀한 물건을 늘어놓고 귀한 손님을 기다리는 약장사들부터 비지땀을 흘리며 짐수레를 끌거나, 짐 나르고 번 돈으로 먹고사는 수많은 날품팔이. 짐수레를 지키라고 고용하는 파수꾼, 마지막으로 큰 댑싸리비로 시장의 잡초와 쓰레기를 청소하는 노무자와 팔다 남은 물건에 몰려드는 거지 떼에 이르기까지. 그들이 어떤 혜택을 누리는지를 직접 방문해서 상세히 조사하기로 했다.

18. 주몬센 시장

분큐텐의 손님은 대부분 하층사회 아이들이다. 불행히도 도시에서 나고 자란 탓에 나가 놀 곳이 변변찮다. 너른 들판은커녕 나무 타기 할 나무도, 고기잡이할 냇물이나 개울조차 구경 못 한다. 더욱이 전신주가 들어선 길에는 마차, 인력거, 짐수레가 지나다니니 달음박질도, 술래잡기도, 까막잡기(술래가 수건이나 끈으로 눈을 가리고 다른 사람을 잡는 놀이)와 신발 숨기기도 위험천만하다. 함부로 연날리기나 줄다리기를 해서도 안 된다. 팽이 돌리기는 행인들의 다리를 다치게 할 염려가 있고, 돌팔매질은 창호값을 변상해줘야 할지도 모른다. 감자밭이 없으니 감자도 못 캐고, 밭이 없으니 참외와 가지를 딸 수도 없다. 사정이 이러한데 나무에 기어 올라가서 맛좋은 복숭아, 밤, 감을 서리한다고? 행여 비슷한 장난이라도 쳤다가는 당장 땅주인이나 집주인, 셋집 주인이나 관리인에게 호된 꾸지람을 듣고 '말썽꾸러기' '오

---

33 고쇼시는 미야자키 고쇼시宮崎湖処子를 말함. 1864~1922(겐지元治 원년~다이쇼 11). 시인·소설가·평론가. 대표작으로 『귀성帰省』(메이지 23)이 있으며, 민유

샤에 소속되어 활동했다. 사가노야는 사가노야 오무로嵯峨の屋 おむろ를 말함. 분큐 3~쇼와 22(1863 ~1947). 소설가·시인. 본명은 야자키 신시로矢崎鎮四郎. 별호

는 호쿠보산시北邙散士, 사가노야마비토嵯峨の山人, 시오가이潮外, 사구비探美, 야자키 사가노야矢崎 嵯峨の屋 등. 대표작은 『첫사랑初恋』(메이지 24). 투르게네프

줌싸개' '식충이'라는 오명만 뒤집어쓴다. 이런 까닭에 개구쟁이든 골목대장이든 자연히 거리에서 물러나 분큐텐의 한 모퉁이를 차지한 채 30몬을 털어서 봇타야키ポッタラ焼き(밀가루에 설탕과 우유, 코코아 등을 넣고 철판에서 구워 주걱으로 떠먹는 막과자)를 사 먹거나 아니면 사방 석 자(약 90센티미터) 땅바닥에서 딱지치기나 하면서 승패를 겨루는 것이 고작이다. 개구쟁이, 골목대장이 이러한데 음전한 아녀자는 오죽할까. 이른바 말괄량이라는 미래의 여장부, 응석받이라는 이 나라의 기둥이 될 미래의 도모에 고젠巴御前(헤이안 시대 말기 시나노국信濃國의 여자 무장)들은 들에서 꽃을 따 소매에 넣을 수도, 해변에서 조개를 주워 손바구니에 담을 수도 없다. 더욱이 어머니는 마차에 다칠까 주의하라 하고, 할머니는 인력거가 뒤집히면 위험하다며 가까이 가지 말란다. 그러니 어린 딸은 뜰 앞 2자의 휘갑친 돗자리, 사방 3치(9센티미터)의 상자에서만 논다. 응접실, 주방, 부뚜막, 냄비, 밥상, 공기가 있고, 식칼은 양철이며 음식은 양갱이다. 그것으로 어린 딸을 먹이고, 사위를 맞이한다. 고쇼시, 사가노야, 사자나미, 버넷[33] 등 당대 제일의 작가 선생님들이 집필에 정진할 때도 어쩌면 이와 비슷하지 않을까. 자깝스러운 어린아이들이 집에서 일어났던 사소한 일상사를 기억해 내며 혼례를 올리고, 자식을 얻는 소꿉놀이를 한다. 단바丹波(일본 혼슈의 긴키 지방近畿地方, 효고현兵庫県에 있는 도시) 꽈리를 양철 대야에 넣고 가리비국자貝杓子(가리비 껍데기에 대나무나 나무 자루를 단 것)로 물을

(1818~1883)에 심취하고 후타바테이 시메이二葉亭四迷·쓰보우치 쇼요坪内逍遥 등과 교류했다.
사자나미漣山는 이와야 사자나미巌谷小波를 말한다.

1870~1933(메이지 3~쇼와 8). 아동문학가·소설가·하이진俳人(5·7·5음절로 이루어진 하이쿠를 짓는 사람). 사자나미 산진漣山人, 오에 사자나미大江小波, 라

쿠텐쿄楽天居라고도 칭했다. 대표작은 『고가네마루こがね丸(일본 근대 아동문학의 획기적인 작품)』(메이지 24) 등. 『일본의 전래동화日本昔噺(사자나미의 동화집.

부어가며 행군다. 유심히 살펴보니 잔망스럽게도 갓난아기를 목욕시
키는 듯해서 놀랐다.

이것이 도시 꼬마들의 놀이다. 그리고 놀이 재료는 죄다 분큐텐에
서 구한다. 마메뎃포豆鉄炮(콩을 총알로 쓰는 장난감. 대나무총), 피리, 나
팔, 폭죽, 복주머니福袋(정초에 여러 물건을 넣고 봉하여 싸게 파는 주머니.
에도 시대 상인들이 남은 물건을 봉투에 담아 저렴한 가격으로 팔던 데서 유
래), 복과자福菓子, 딱지, 꽈리 등의 놀이용품부터 땅콩, 막과자, 계피,
설탕물, 재첩볶음, 살구, 손으로 만 김초밥, 설탕조림 등의 식품에 이
르기까지. 별의별 기기묘묘하고 앙증맞은 상품을 찾는 꼬마 손님들
덕분에 주몬센十文錢(호에이 5년[1708]에 발행된 호에이 통보宝永通宝를 말
함. 한 닢에 10몬) 시장으로 불리는 이 청과물시장에 물건 떼러 오는 사
람은 아무리 많이 사더라도 한 가게에서 20센 이상 넘지 않는다. 찬
합에 든 막과자가 5센, 김초밥이 4센, 삶은 콩 3센, 꽈리가 2센, 1센
에 5묶음인 계피, 4센에 2되인 땅콩, 복주머니 4개, 마메뎃포 5개, 재
첩볶음 10꼬치, 설탕물 7병. 가격을 문자 상점 갑은 3센 5린, 상점
을은 2센 8린, 좌우로 5~7채의 상점을 돌아다니면서 사도 여간해
서는 합계가 25센을 넘지 않는다. 그런데 내는 돈의 종류는 다양하
다. 돈꿰미에 꿴 에이센永錢, 분큐센, 아오센青錢, 또한 지금은 없지만
4~5년 전만 해도 완고하고 무지한 이들의 사회에서는 덴포센天保錢
[34]의 거래도 횡행했다고 한다. 양쪽으로 즐비하게 들어선 상점 앞 도

1894~1896년에 간행. 모모
타로桃太郎, 하나사카지지이
花咲爺, 우라시마 다로浦島
太郎 등 일본 각지에서 전래
되는 이야기를 정리한 것)』
『일본의 동화日本お伽噺』 『세

계의 동화世界お伽噺』 등을
편찬해서 '소년문학가의 태
두'라고 불렸다.
버넷(1849~1924)은 미국의
여류 소설가·아동문학가. 영
국에서 태어나 미국으로 건

너갔다. 당시 와카마쓰 시즈
코若松賤子(일본 최초로 소
년, 소녀들을 위한 기독교 문
학을 소개)가 번역해서 유명
했던 『소공자小公子』의 저자
다.

도리신코쿠정通新石町

(오늘날 지요다구千代田區 간다神田 스다정須田町 잇초메一丁目 16, 24, 26, 34번지)의 완구점

로는 진열 상품들이 절반을 차지하고 있다. 가장 소규모 장사인 동시에 가장 번창하는 분큐文久시장의 자자한 명성에 걸맞게 손님들은 알아서 마음껏 골라가며 속이지 않고 정확히 셈을 치른다. 이 손님들이 바로 분큐텐의 주인공이다. 대부분 마흔 이상의 나이 든 여자들로, 간다는 물론이고 시타야, 아사쿠사, 혼고, 요쓰야, 고지마치, 아자부 부근에서 이른 아침에 오거나, 미나미카사이南葛西, 기타도시마北冨島, 센주千住, 이타바시板橋, 메구로目黑, 시부야渋谷 등의 벽지에서 사흘 또는 닷새 정도의 간격으로 사러 오며, 그 수가 무려 수천 명에

34   영락전永樂通寶의 약칭. 에이라쿠永樂 또는 에이永라고도 한다. 명나라의 영락永樂 9년(일본은 오에이応永 18년) 즉, 1411년에 주조된 동전으로, 활발하게 수입되어 무로마치室町 시대부터 에도 시대 초기에 유통됐으나 게이초 13년(1608) 통화가 금지되었다.

분큐센文久錢은 분큐 3년(1863)에 발행된 4몬짜

리 동전. 메이지 4년(1871) 12월 1린 5모毛(1린의 10분의 1)로 화폐 가치를 규정했다. 1953년(쇼와昭和 28년) 12월 정식으로 통화가 금지되었다.

달한다. 그래서 분큐시장에서는 만성적으로 정체가 발생하는데 이것을 청과물시장의 부산물이라고 한다.

아오센靑錢은 1768년(메이와明和 5) 처음 주조. 놋쇠로 제작한 간에이寬永통보로 4몬짜리 동전四文錢, 아오시몬센靑四文錢이라고도 하며, 구리 녹이 끼어서 푸른색을 띠므로 속칭 아오센이라고 했다.

덴포센天保錢은 1835년(덴포天保 6)부터 발행되어 통화된 100몬百文짜리 동전. 1871년(메이지 4) 12월 이후 한 닢에 8린(80몬)에 통용되었기 때문에 백도 못 된다는 의미에서 바카센馬鹿錢이라고 했다. 1891년(메이지 24년) 12월, 결국 통화가 금지되었다.

19. 집 없는 사람

회조선廻漕船(화물선)이 10척 이상 입항할 수 있는 항구, 창고爲換店 (가와세텐, warehouse)[35]가 3채 이상 있는 곳, 물자를 싣고 부리는 강가, 포장 장소, 시장, 공작장工作場 부지에는 으레 짐꾼이 있다. 어깨걸이(숄과 비슷하다)를 가사 걸치듯이 걸치고 허리께까지 오는 주반尻切襦袢 차림으로 아쓰도쿠마루厚德丸호의 짐을 부리고 에이다이마루永代丸호로 선적하러 달려간다. 대부분이 수고비 조로 떼주는 돈苞落[36]을 받는 뜨내기다. 도쿄의 레이간지마靈岸島(스미다강隅田川 하구 우측 강변의 옛 지명)의 가와구치정川口町, 후카가와 기바深川木場, 쌀 창고 인근, 욧카이치四日市의 미쓰비시 창고 근방, 어시장, 간다가와神田川(아게바정揚場町[신주쿠]) 등에는 이런 부류의 육체노동자가 많다. 한 곳에 수십 명이 모이며, 청과물시장 소속으로 일하는 사람이 가장 많다. 거리가 얼마나 멀든 간에 짐수레를 재촉해 각지에서 몰려드는 사람은 무려

35 가 와 세 텐 爲 替店: warehouse 즉, 창고나 상품 창고를 말함. 爲替藏이라고도 썼다. 일본의 근대적인 창고업의 기원이자 미쓰비시 창고三菱倉庫의 전신이다.

36 효우오치. 효우苞는 볏짚으로 싼 꾸러미, 보따리, 포장한 것, 또는 선물을 말한다. 고로 이 책에서는 공임·일당·금일봉·수고비 조로 떼주는 돈을 의미하는 듯하다. 말하자면 싼 품삯.

1000명으로 추산된다. 가깝게는 구단자카, 우에노, 멀게는 아오야마, 메지로目白, 스가모巢鴨 부근에서 60관(225킬로그램)에서 80관(300킬로그램)의 짐수레를 10정(12킬로미터)에 3센 정도의 시세로 고용한다. 최하층민의 직업 중 가장 뼛골 빠지는 일이다. 아침 7시부터 8시 사이에 시장에 모여 물건을 떼러 온 채소장수의 짐을 끈다. 끝나면 다시 구단자카, 메가네바시萬代橋(1872년 스지카이筋違 망루를 해체할 때 나온 돌담으로 도쿄 최초의 석조 아치교인 요로즈요바시萬代橋를 준공. 일반인들은 수면에 비친 다리 모습이 안경을 닮았다고 해서 메가네바시眼鏡橋라고도 불렀다. 현재의 만세이바시萬世橋보다 약 150미터 상류에 위치. 1873년 쇼헤이바시昌平橋가 홍수로 유실되자 지금의 만세이바시 자리에 목조 다리인 쇼헤이바시를 복구하고 요로즈요바시新萬世橋라고 부름. 이 요로즈요바시는 1903년 철교로 바뀌어 만세이바시萬世橋로 새로 태어났고, 이를 계기로 메가네바시는 모토요로즈요바시元萬世橋로 이름을 바꾸고 1906년에 해체됨), 아게바정, 우에노 등 내키는 곳에서 쉬다가 등짐을 지고 수고비를 받거나 곧바로 어시장으로 가서 짐수레로 물건을 떼러 온 손님을 모시고 이타바시板橋의 역참 마을(에도 시대에 니혼바시를 기점으로 교토·닛코·고후甲府·시라카와白河로 통하는 5개의 큰 가도五街道에 역참 마을을 설치했다. 이타바시는 에도의 4대 역참 마을 중 하나) 고슈쿠(무사시노시에 설치된 후다고슈쿠[고쿠료國領, 시모후다下布田, 가미후다上布田, 시모이시와라下石原, 가미이시와라上石原]를 말함)로 가기도 한다. 최고로 받는 사람은 하루에 20센도 벌지만 10센 내외의 날삯으로 하루를 사는 사람 또한 적지 않다. 인력거 밀어주는 일을 하려고 고개 밑에 서 있는 사람은 보수가 짜서 늘 좁쌀떡 한 조각으로 간신히 허기를 때운다. 불쌍하게도 이들은 기친야도에 낼 땔감값 3센이 없어서 낮에 몇 시간 동안이나 나무그늘에 앉아 쉬면서 눈을 붙인다. 우산도, 옷도 없어서 비가 오나 눈이 오나 평생을 도테라 대신 햇볕을 쬐며 한데서 생활하는 이른바 날품팔이꾼이다. 그렇다고 돈이나 물건을 구걸하지도, 남이 적선해주는 돈에 의지해서 자식을 키우지도 않는다. 아무리 행색이 추레하고, 얼굴이 꼬질꼬질해도 마음마저 거지는 아니어서 염치를 차리므로 고약한 차

길가에서 밤을 새우며 동이 트기를 기다리다

부 패거리들과는 천양지차다.

상, 중, 하 어떤 사회에서든 사회적 제약이 싫어 스스로 다른 직업을 갖는 이들이 있다. 최하층 사회도 마찬가지다. 십중팔구는 이들 날품팔이꾼이겠지만, 사회의 제재를 싫어하는 사람 중에는 간혹 집주인의 가혹한 처사에 격분해서 살던 집을 비운 이도 있다. 그런가 하면 어떤 이는 권위적인 십장의 행패에 분노하여 노동일 하는 패거리에서 빠졌다. 또 어떤 이는 홀대하는 아내를 원망하며 환거鰥居[37]하는 사람도 있다. 살던 집을 비워줄 때, 패거리에서 빠질 때, 홀아비로 살 때는 가슴에 응어리가 맺혀 두고 보자며 벼르지만, 유감스럽게도 빈손으로는 공염불일 뿐이다. 빈한하고 의지할 곳 없으니 부질없이 세월만 흘러가고, 몇 년이 지난 지금은 당시의 기억조차 가물가물하다. 간혹 눈에 띄는 떵떵거리고 사는 어떤 이의 모습이 더욱 가슴 아픈 상처를 건드린다. 이 세상에 운송선이 없다면 어떨까? 등불을 밝히려면 귀찮아도 석유 1홉을 구하러 러시아까지 달려갈 수밖에 없다. 16만 리 어디서도 채소밭은 구경조차 못 하는 도쿄 주민이 누구 덕에 염가로 풍족하게 채소를 얻는단 말인가. 청과물시장의 도매상은 항상 저렴한 구전과 알량한 수수료 몇 푼 쥐여주고 화물을 인수한다. 그런데도 날마다 그것을 운반하는 사람들의 공으로 돌리는 법이 없다. 그들의 품삯은 직접 상품에 달려 있다. 날품팔이, 거지, 집 없는 사람은 늘 천대받으며 일한다. 그러나 그들이 천대받으며 애

37　나이 먹고 아내 없이 혼
자 사는 것. 즉 홀아비 신세.

쓴 노고는 온전히 값싼 과일과 채소로 탈바꿈해서 우리 요리상에 오른다는 사실을 모른다. 밭에서 들어오는 80관의 짐수레는 운임으로 8센을 계산한다. 그들의 품삯은 1관에 1린이다. 큰참외Cucumis melo var(conomon=월과)라면 12개, 가지라면 20개 값이다. 세상 어느 누가 이런 헐값을 받고 일하겠는가. 만일 세상에 시장이 없고, 채소장사가 없다면 우리는 생강 한 묶음을 사러 야나카까지 달려가야 한다. 그런데도 날품팔이는 짐주인 때문에, 도매상이나 채소장수 때문에, 심지어 소비자인 우리 때문에 소득의 1할을 빼앗긴다. 고정적으로 하루에 최소 2~3할씩 뜯기는 셈이다. 이런 상황을 고려하면 억울해할 만도 하건만 무자비한 세상 탓에 허구한 날 소득의 4~5할을 뜯기면서도 먹고살기 위해 날마다 부지런히 일한다. 호주머니 속에 든 오늘 쓸 돈이 10엔이든 100엔이든 그중 5엔이나 50엔은 그들의 재산임을 명심하라. 어쩌다 길가에 엎드려서 남루한 옷차림으로 추위에 떨거나, 잔반도 못 먹어서 굶주린 모습을 보면 반성해야 한다.

20. 암울한 세계의 괴물

내가 빈곤 대학 과정을 밟던 어느 여름날의 일이다. 한번은 미야
모노시(전물상인)들과 어울려서 자반고등어, 마른오징어, 송어, 대구포
등의 전물奠物(부처나 신에게 올리는 음식이나 재물)을 짊어지고, 목적지
인 지치부秩父(사이타마현 서북부 지치부 지방에 있는 시)로 향했다. 가는
길에 가와고에河越 근교에서 판매를 시작해 오미야고大宮鄕에 도착
했을 때는 거의 다 팔았다. 그래서 이번에는 업종을 바꿔서 때가 때
인 만큼 유리 풍경을 파는 장사와 함께 가벼운 마음으로 조슈上州(지
금의 군마현인 고즈케노쿠니上野國의 옛 지명)로 장사를 나섰다. 다카사키
高崎 근교에서 안나카安中, 이타하나板鼻 근방을 돌아 마침내 온천욕
을 즐기러 오는 손님들로 유명한 이카호伊香保의 약물이 샘솟는 온천
장(주성분이 철분이라 황색을 띠며, 마시면 꽃가루 알레르기에 특효라고 한다.
450년 전에 만든 365개로 이뤄진 돌계단과 영화 「센과 치히로의 행방불명」의 배

경으로 유명한 100년 전에 지은 여관 '요코테칸'이 명소)에 다다랐다. 그런데 여기서 뜻밖의 자랑할 만한 좋은 재원財源을 하나 발견했다. 뭔가 하면 여러분도 아시다시피 이카호의 여관으로, 이곳은 한 폭의 깎아지른 벼랑 같은 산 중턱에 지어졌다. 그러나 집 위에 집을 올려서 층수를 늘리는 바람에 비좁은 통로로 간신히 지나다니며, 돌층계를 쌓아 올려 확장한 탓에 바로 옆은 옥상이고, 집 뒤는 처마 밑이다. 객사鷛亭(客舍, 나그네를 치거나 묵게 하는 집), 찻집, 요릿집이 상층에 자리해서 광천수를 끌어오고, 주류·등유·채소·초물을 파는 가게, 배달음식점, 세탁소, 목로술집, 니우리야, 종람소縱覽所(신문이나 잡지 따위를 갖추어놓고 누구든지 마음대로 볼 수 있게 해놓은 곳), 책 대여점 등은 대개 하층에 있어서 목욕하러 오는 손님이 필요할 때마다 이용한다. 또한 많게는 수백 명의 온천욕 손님을 수용하는 객사부터 300개의 점포가 서북쪽 골짜기에 면한 벽화만 한 산허리를 따라 이어져 있어서 아래층에 사는 집은 24시간 내내 거의 햇빛 구경을 못 한다. 그뿐만 아니라 층층이 살림집도 있다. 맨 아래층은 어떤 상태이고 또 누가 사는지를 살펴보니 술도가, 채소가게, 초물가게를 하는 집으로, 마루 밑에 5자(150센티미터)가량 뚫린 땅굴이었다. 사다리를 타고 이곳을 드나드는데, 3자(90센티미터)의 출입구는 천장에 난 창이요, 사람들이 걸어 다니는 통로이기도 하다. 땅굴 안은 20제곱미터쯤 되는 넓이에 사면이 벽이고, 판자로 둘러싸여 있다. 식물의 새싹이 움트고, 비릿한 냄새가 진동하는 단칸방은 공기가 통하지 않아 숨이 막힌다. 요즘 항간에서는 암울하다는 말이 유행인데, 어색하든 말든 이 말을 덮어놓고 쓴다. 그러나 이곳 사람들의 생활상을 보고 나면 단순한 수식어가 아닌, 진짜 암울한 세계라고 인정할 수밖에 없을 것이다. 그런데 이 땅굴 안에서 숙식을 해결하는 사람은 본디 어떤 부류인지 살펴보니 모두 고황(형언할 수 없는 최악의 암울한 상황)에 들거나 벙어리, 귀머거리 같은 지병이 있는 폐인들이었다. 대개는 온천욕 하러 오는 손님들의 흥을 돋우는 일로 생계를 꾸려가는 예기藝妓, 피리나 퉁소를 부는 사람, 거문고, 샤미센을 타는 사람, 그리고 안마 치료나 복부안마를 하는 사람들, 침술 치료나 뜸을 놓는 사람들이다. 불치병이 있는 그들을 소개하면 다음과 같다. 앉은뱅이, 절름발이, 이마에 감자만 한 혹이 달리고 백태 눈의 덩치 좋은 중대가리, 작달막하고 곱사등이이며 체구가 작은 중대가리, 두창 때문에 박박 얽은 곰보의 맹인 여자瞽女●, 다리가 불편해서 주먹으로 자리를 옮겨다니는 사람, 상피병象皮病●● 환자, 난쟁이들. 이들은 마음 맞는 사람끼리 5명에서 7~8명이 동굴에서 함께 기거한다. 동굴 안은 사물을 분간할 수 없을 정도로 캄캄하지만, 모두 맹인만 사니 굳이 등을 밝힐 필요가 없다. 수십 수백 명 중에 추장이 있다. 바로 침술사로 왼쪽 이마에 밥공기만 한 혹이 달린 해괴망측한 인간이다. 스물대여섯에서 마흔 살까지의 고제瞽女 처첩 넷을 양쪽 품에 끼고 사는데, 식사할 때조차 한몸이 되어 떨

● 일본어로는 '고제'라고 하며 술자리를 돌아다니며 샤미센을 연주하고 유행가를 불러서 돈과 쌀을 얻는 맹인 여자 연예인을 말한다. 집단 생활을 하고, 남성과의 교제를 엄격히 금하며 이를 어길 땐 집단에서 추방된다.

●● 열대·아열대 지방에 많은 풍토병의 하나. 반크롭트사상충이나 기타 세균 감염으로 피부와 피하조직에 림프가 정체하고 결합조직이 증식하여 환부가 부풀어 오

어질 줄 모른다. 오만하기가 오에야마大江山의 슈텐도지酒呑童子● 같아서 손님 머릿수대로 돈을 가로챘다. 동굴 안의 앉은일을 하는 사람은 빠짐없이 손님 한 명당 3린씩 갖다 바치면서도 노예처럼 그의 눈치를 살피며 영업한다. 행여 한 사람이라도 불미스러운 일을 벌이는 자가 있으면 즉시 결박해서 철편鉄鞭(철 채찍)으로 때린다. 또한 타지에서 와서 허락도 없이 멋대로 영업하는 사람은 눈에 띄는 족족 잡아다가 잘잘못을 가린다. 아마도 여관 내의 영업권은 죄다 그가 장악하고 있을 것이다. 그래서 눈 감고도 여관에 손님이 많은지 적은지, 손님들의 돈 씀씀이가 어떠한지, 어느 가게의 장사가 잘되고 부진한지, 어느 객사에 어떤 손님이 있고 또 행실은 어떠한지에 이르기까지 빠삭하게 꿰고 있다. 여름 한 철 백십수 명의 앉은일 하는 사람들이 갖다 바치는 자릿세만 해도 수백 엔이 넘는다. 게다가 여관 안의 소상인을 상대로 고리대를 놓아 돈놀이까지 하는데 단 하루라도 연체했다가는 득달같이 달려들어 다짜고짜로 독촉한다. 그러나 이 정도로 그치면 양반이다. 이 맹인은 수하로 키우는 꼬마들까지 교육시켜 2시간마다 여관 안을 한 바퀴 돌면서 뜨내기꾼(허가 없이 영업하는 사람)이라고 외치게 하고 돌아오자마자 어떤 손님을 받았는지 파악해서 번 돈을 몰수한다. 그리고 연습이라는 구실로 날마다 어깨를 안마하라거나 다리를 주무르라고 시킨다. 맹인 아이들은 역시나 맹인인 고제가 쑨 죽을 먹고, 하루 일과를 하며, 아찔한 낭떠러지를 오르내

르고 딱딱해져 코끼리 피부처럼 되는 병.

● 헤이안 시대에 교토 오에야마에 살았다는 요괴로, 키가 6미터 이상이고 뿔이 다섯 개, 눈이 열다섯 개나 달렸다. 일본 최강의 요괴로, 종종 젊은 여성을 잡아다가 시중들게 하거나 산 채로 칼로 잘라 잡아먹었다고 함.

린다. 고제들 역시 평상시에는 안마하고, 샤미센을 켜며, 노래해서 보수를 받아 남편에게 갖다 바친다. 여복이 있는 맹인 추장은 패거리들에게는 늘 선망의 대상이다. 뭐 그리 잘난 재주가 있기에 여복도 모자라 권위와 호사까지 누리는 것일까? 요컨대 그의 유일한 장기는 남만철南蠻鉄(무로마치 시대에 포르투갈이나 네덜란드 등에서 건너온 서양식으로 정련한 강철) 같은 자신감이다. 악바리 근성으로 한 발자국도 물러서지 않고 굳세게 자기주장을 관철시키는 무뢰한의 오기에 기인한다. 제아무리 천리안으로 나름의 법을 만들고, 소리만 듣고도 오장육부를 훤히 들여다본들 천부적인 재능은 아니다. 하지만 어쨌거나 움막 안에서는 엄연히 추장이다.

이것은 이 도시에서 수십 리 떨어진 가미쓰케上毛(현재의 군마현)의 이카호 산속에서 떠돌이(후레이시風鈴子[38])가 초래한 실제 사건이다. 비록 그 오만하고 덩치 좋은 중대가리처럼 대단하진 않아도, 여복이 많아 호사를 누리지는 못해도, 또 동업자들에게 꼬박꼬박 날변을 징수하지 않더라도 그와 유사한 남자는 우리가 사는 이 암울한 세상 곳곳에 존재하며 때로는 아집을 부리기도 한다.

아울러 그 맹인들은 너비가 9자도 안 되는 더럽고 옹색한 곳에서 지극히 폐쇄적인 생활을 한다. 식사와 일상생활을 하는 방뿐만이 아니라 청혼圊溷(변소)과 주방이 모두 한방에 있다. 대개는 조석으로 사이시菜豉[39]와 원채園菜(밭 채소) 하나씩 놓고 밥을 먹는다. 뉴코乳藞(우

38 20장 서두에 등장하는 '이번에는…유리 풍경을 파는 장사와 함께'라는 부분과 관련된 말일 듯. 아니면 단순히 떠돌이로 파악해도 무방할 듯싶다.

39 으깬 콩에 버무린 채소를 말함. 사이菜는 회, 즉 소금에 절인 채소이고, 시豉는 된장이나 삶아서 으깬 콩을 말한다.

유를 끓여 고형분과 수분을 분리한 뒤 목제 틀에 넣고 수분을 뺀 것)가 워낙 귀해서 허구한 날 훈채葷辛를 섞어 먹으니, 밥공기와 작고 얄팍한 접시盌碟40는 꼬질꼬질하다. 식사를 마치자마자 아예 설거지할 생각도 않고 음식을 담았던 그릇을 털고 훔치더니 그대로 부엌庫裏에 넣는다. 청소와는 담을 쌓고 살아서 쌓인 먼지와 쓰레기 때문에 흉한 벌레가 그물을 치고(거미가 집을 짓고) 나무는 습해서 싹이 나거나 눅눅하고, 이끼와 곰팡이가 피어서苔蘚氈蒸41 세균이 우글우글하다.

40 훈채葷辛는 향이 강한 채소와 매운 채소, 완접盌碟은 밥공기와 작고 얄팍한 접시를 말한다.

41 태선苔蘚은 이끼, 전氈은 양탄자나 털로 짠 깔개를 뜻하므로 이끼와 곰팡이가 핀 상태를 말한다.

21. 일용직과 십장

노무자의 보수에는 일당과 도급 두 가지가 있다. 일당은 일급이고, 도급은 개인이나 조합에 할당된 일을 맡거나 혹은 갑의 토석을 을로 운반하는데 한 짐당 몇 센의 비율로 맡는 것이다. 하여간 그들이 일하고 받는 돈은 통상 하루에 18센에서 기껏해야 25센에 그친다. 본디 임시고용은 1푼(0.01퍼센트) 이상 떼므로 30~40냥가량 청구하지만, 20일에서 30일쯤 걸리는 일의 일당은 푼돈이어서 20센이 상례다. 단, 십장은 도급업자에게 25센 이하로 청구한다. 즉, 통상 20센에서는 5센을, 18센에서는 7센을 십장의 몫으로 뗀다. 소모품인 곡괭이, 삼태기, 조렌鋤簾(흙·모래·자갈·쓰레기 따위를 긁어모으는 긴 손잡이가 달린 삼태기의 일종) 같은 노역용 기계의 대여료를 추산하는 것이다. 또한 숙소에 따라서는 한텐袢天(袢纏, 시루시반텐印半纏)을 빌려주기도 하며, 제반 비용을 제하고 30명의 인력을 파견하는 도편수의 일당은 1엔에서 1엔 40~50센 정도다. 본래 십장이 도급업자를 겸할 때는 200엔에 도급을 맡아서 실비 120엔 정도에 마무리하기도 한다. 즉, 소득이 80엔이어도 이때는 응당 사업의 모든 책임을 지고 낙성落成 (준공) 전에 돈을 융통해야 한다. 그러나 이런 도편수는 관할 지역에는 소수이므로 대개는 도급업자가 밑에 딸린 사람에게 중개한다.

　누우이 말하지만, 윗사람은 아랫사람을 혹사시키고 기회를 틈타 이익을 농단하는 등의 폐단을 조장하기 십상이다. 그저 관례상 허용되는 평범한 정도라면 봐줄 만하지만, 종종 불쌍한 동포를 상대로 가증스러운 술책을 쓰는 도급업자, 도편수들이 있다. 일감이 동났을 때는 간계를 쓰고 자시고 할 게 없으므로 사업이 중단되어 한가한 노동자들이 아우성칠 때를 기회로 삼는다. 가령 일감이 들어오면 도편수는 도급업자에게 두당 30센의 조건으로 50명을 산다. 하지만 호시절을 지나고 맞이한 불경기여서 죽는 소리 하며 일자리를 달라고 애원하는 날품팔이꾼은 줄을 잇는다. 이 절호의 기회를 놓치지 않고 두당 10센씩 뼹땅해서 인부 50명을 35명으로 일단락 짓는다. 나머지 15명의 노임은 뼹땅치고 35명은 추첨해서 노동 시간 외에 1~2시간 더 작업하는 조건으로 도급을 주어 보충한다. 일단 일을 성사시킨 연후에 50명분의 일당을 청구하고 50명이 할 일을 25명 내지는 기껏해야 30명의 인력으로 충당하는 것이다. 심지어 제 앞가림도 못하는 약골의 반편이, 팔푼이를 멀쩡한 일꾼인 양 보내고 수수료를 착복하는 수전노 뺨치게 몰상식한 십장도 있다. 더 심한 악질들은 회사나 사업주가 선물한 술과 안주를 사사로이 유용하거나 핫피 한 벌을 기둥에 입히기도 한다.

이른바 이 핫피 사건은 예전에 아베카와정 부근에서 있었던 일이다. 모 십장의 아내는 인정머리라고는 눈을 씻고 봐도 찾을 수 없는 지독한 노랑이였다. 어느 날 관대한 사업주가 수하의 인부 50명에게 두당 한 벌씩 하사하겠노라며 십장 앞으로 핫피를 보냈다. 그러나 천성은 못 속인다고 십장의 아내는 사업주가 보낸 선물을 중간에 가로채서 남에게 주었다. 이 사실을 안 사업주는 심사숙고한 끝에 마지못해 본인이 직접 나서기로 하고, 심복 15명을 뽑아서 은밀히 보냈다. 그 결과 남은 35벌은 뜯어서 이불껍데기로 쓰고, 나머지는 모조리 베틀 집에 처분하고는 모르는 척했다고 한다.

22. 음식점의 명세서

관할 지역에서 유명한 밥집은 무로마치室町 3초메丁目와 시바 우다가와정芝宇田川町, 우시고메아게바정牛込揚場町에 있는 가게들로, 하루 매상이 35엔에서 40엔 가까이 된다. 주요 고객은 노동자가 아니라 돈푼깨나 만지는 상인과 장색으로, 한번 들르면 식대로 1인분에 평균 8~9센에서 10센 정도를 지출한다. 정향유 3병, 생선회 한 접시, 국과 생선조림 정도에 15~16센을 쓰는 사람을 최고 손님으로 친다. 이곳보다 후진 일반 밥집에는 차부처럼 고된 육체노동을 하는 사람들 일색이다. 성업하는 곳은 주방의 머슴 2명, 음식 나르는 사람 3명, 허드렛일하는 삯품팔이 한 명, 가게 앞의 메시모리飯盛(역참의 여인숙에서 손님 시중도 들고 매춘도 하던 여자, 계산대를 담당하는 주부의 역할) 한 명, 모두 예닐곱 명 정도가 매일 20엔의 매상을 올린다. 채소와 어류와 밥쌀을 들여놓는 것은 주인의 일로, 매일 아침 장에서 떼어온다. 이 음식점들은 거의 중상위급으로 융통성이 있고, 외관도 그다지 볼썽 사납지 않으며, 주방도 정돈되어 심하게 불결해 보이지는 않는다. 한 결 더 후진 싸구려 식당은 불결하고 이루 말할 수 없이 난잡하다. 제 일 먼저 눈에 띄는 것은 가옥이다. 처마는 썩고 기둥은 뒤틀렸으며 히라 나가야平長屋(단층집 구조의 연립주택) 판자로 이은 차양은 매연에 그을려서 거무스름하다. 주방에서 피어오르는 매연이 집 전체에 자 욱하게 퍼져 실내는 어둡고(굴뚝을 어설프게 설치한 데다 환기창도 뚫려 있 지 않다), 특히나 몰려드는 일꾼들로 복닥거려서 아침저녁으로 철저하 게 청소할 수 없으니 야트막한 식탁의 네 귀퉁이는 먼지투성이다. 더 그매(지붕 밑과 천장 사이의 공간)가 훤히 들여다보이고, 벽은 허물어진 채로 수리되지 않았다. 그래도 밖은 주방에 비하면 약과다. 어수선한 주방은 쓰레기장을 방불케 해서 토방의 극심한 습기와 만나면 병균 증식에는 직방이므로 한눈에 봐도 실로 전염병의 온상이다. 수달도 기어갈까 말까 한 협소한 땅, 나직한 더그매, 연립주택에 이어져 있 는 변소, 쓰레기통, 우물이 모두 한곳에 모여 있다. 곰팡이가 핀 물통, 오니(오염물질이 모인 진흙)가 가라앉은 대야, 특히 막힌 하수도가 수챗 구멍으로의 배수를 방해한다. 또한 비가 오면 빗방울이 찢긴 창틈 을 타고 방울방울 부엌에 떨어지므로 이 세상에 불결하다는 불결한 것은 여기에 총집합한 듯하다. 주방 한쪽 구석에 있는 쓰레기통에서 는 며칠씩 묵은 연근, 토란, 죽순 껍질, 정어리, 고등어, 참치 등의 살이 붙은 뼈 때문에 악취가 진동한다. 이들 악취가 몸에 밴 채로 김이 나는 주방에서 일하는 하녀, 너덜너덜한 흑갈색 옷을 입은 머슴, 된장통에서 기어나온 듯한 몰골로 음식을 나르는 여자, 치렁치렁한 머리카락에 유령 같은 얼굴을 한 주부, 병세가 완연한 모습으로 식사하는 아가씨, 주정뱅이, 목소리가 굵고 탁한 남자, 무위도식하는 사람들로 온종일 요란한 소리가 터져나온다. 가장 저급한 이런 음식점은 아사쿠사, 시바 근방의 변두리에 유독 많으며 미카와정 일대에도 줄지어 늘어서 있다. 이들 가게에서는 보통 하루에 12번에서 18번 정도 부뚜막(한 번에 쌀 석 되)에 밥을 지으며, 고기나 채소조림 500접시(한 접시에 5린이나 1센), 생선조림 100접시, 생선회 50접시, 국물 요리 몇 종류를 하루에 다 판다. 다만 밑바닥 사회 육체노동자의 식욕에 맞게 음식을 제공하고 이문을 남기려면 박리다매가 최선이므로 자연히 염가의 물건을 사다가 공급한다. 따라서 애초에 신선한 식재료를 바라는 것은 무리다. 아침 장에서 팔다 남은 물건만큼은 아니더라도 모쪼록 건질 만한 것이 있기를 바라며 날마다 물자가 풍족한 방면으로 가서 재료를 떼어온다. 살점 붙은 상어 뼈를 한 바구니에 3칸貫(2880몬)에 떼어다가 100접시로 나눠서 팔면 매상이 1엔이다. 어떤 때는 큰 참치 대가리 하나를 사다가 생선회 10접시, 국물 요리 50개, 기타 작은 접시에 담아서 내는 몇 가지 요리로 나눠서 팔면 50~60센의 밑천으로 3엔 이상의 매상을 올린다. 채소절임 또한 이

비율로 판다. 가장 돈이 안 되는 것은 지느러미가 달린 작은 생선 종류다. 한 마리에 1센 주고 사다가 조리해서 2센에 팔기도 힘들다. 여타의 번창하는 밥집에서는 밥쌀로는 이윤을 기대하기 힘들고, 장작값과 수수료나 건지면 다행인 것이 하급 음식점 경제의 실상이다. 아울러 밑바닥 막노동꾼들이 상식하는 채소는 주로 무말랭이, 비지, 고비, 고사리, 당근, 감자와 꼬투리째 먹는 각종 콩이다. 사람들이 애용하는 채소는 염가에 공급되므로 3센이 안 되는 돈으로 배불리 한 끼를 해결할 수 있다. 평소에는 분수에 맞게 초라한 밥상糲饌麁菜[42]에 조리하지 않은 훈채만 곁들여 먹는데 그들에게는 이것조차 감지덕지

하급 음식점의 불결한 주방

42 초라한 밥상을 말한다. 려糲는 현미, 찬饌은 밥 또는 음식, 추麁는 麤(거칠 추)의 속자로 거칠다, 대강, 대략, 매조미쌀(왕겨만 벗기고 속겨는 벗기지 않은 쌀)이란 의미다.

하다. 본래 아침에는 아주 간소하게 국 하나, 반찬 하나 놓고 먹지만, 저녁에는 간간이 맛이 진한 생선이나 고기를 시켜서 입과 배에 기름칠을 한다. 하마구리나베蛤鍋(대합 조갯살을 된장국에 끓인 국물 요리), 네기마葱鮪(두껍게 썬 참치의 지방 살에 통썰기 한 파와 간장, 술, 미림으로 연하게 조미한 국물 요리) 등. 그런데 천만다행히도 복어는 아주 저렴하다. 그들이 입버릇처럼 말하기를 애초에 복어는 어족 중 으뜸이라 할 만큼 귀한 맛을 지녔으나 독이 무서워서 여간해서는 먹지 않으므로 자연히 시장바닥까지 굴러들어왔다고 한다. 그 식탐을 누가 말리겠는가. 먹성 하나는 둘째가라면 서러운 사람들이니 위험하든 말든 아랑곳하지 않고 게걸스럽게 실컷 먹는다.

23. 대폿집 손님

밥집을 제외하고 막노동꾼이 돈을 가장 헤프게 쓰는 곳은 대폿집이다. 됫술(한 되 분량의 술) 한 잔 들이켜고 한숨 돌리며 반찬 쪼가리로 입가심하고 황급히 자리를 뜬다決める(생선대가리 안주를 속된 말로 '기메루決める'라고 하는데 기메루라는 말에는 마무리하다라는 의미가 있다). 또한 비가 오거나 바람이 세차게 부는 날, 눈 내릴 듯 하늘이 끄물끄물해서 거리가 한산하겠다 싶은 날엔 아예 장사를 접을 요량으로 인력거를 세워둔 채 한가롭게 이불을 짊어지고 들어간다. 아니면 긴 둑을 쏜살같이 달려서 후한 보수를 받아 주머니가 두둑할 때는 느긋이 앉아 술잔을 기울인다. 주린 입과 배에 유유히 감로주를 부으며 유일무이한 오락거리로 화려한 문을 연다. 문이 열리면 이른바 깡통 항아리에 녹주綠酒(빛깔과 맛이 좋은 술로 미주라고도 함) 한 말, 은병銀瓶, 옥접시珠碟, 산호 그릇에 담긴 봉황의 뇌 국, 작은 청옥 접시에 수북이

43 속사俗事에서 간난신고艱難辛苦가 끝없이 이어질 때 화서華胥라는 나라에서 노닐었던 꿈. 노생盧生이 깜빡 잠든 순간에 꾸었던 꿈이란 중국 고사인 이필李泌의 『침중기枕中記』(송대宋代의 『문원영화文苑英華』에는 심기제로, 명청대의 총서에는 이필李泌로 되어 있음. 지금은 『문원영화』를 따라 심기제의 저서로 보는 것이 통설)에 등장하는 한단지침邯鄲之枕(한단은 전국시대 조나라의 서울, 허베이성河北省), 즉 노생의 꿈, 황량일취몽黃粱一炊夢을 말한다(노생이라는 청년이 조나라의 한단

담긴 곰발바닥 찜구이 등의 술과 고기가 푸짐한 주안상에 둘러앉아 삼백 궁녀, 삼천 시녀와 함께 금전옥루金殿玉樓에서 영화를 만끽한다. 돌이켜보면 어젯밤은 노역하던 노예였고 오늘 아침은 이렇게 왕후장상이다. 풍진 세상을 피해 영원히 화서에서 노니는 노생이 깜빡 잠든 동안에 꾼 꿈이어라風塵鎭長に華胥に遊ぶ盧生が一睡一瞬間の夢なれや.[43] 소나기 덕에 화들짝 놀라 정신을 차리니 막걸리가 요술을 부렸을 리 만무한데 대관절 이 무슨 황당한 상황인가. 봉황 국이라고 여긴 것은 팟국이고, 용수 쓰쓰미야키龍髓包み燒き[44](일본의 전통 종이인 와시로 싸서 구운 요리)인 줄 알았던 것이 소라 쓰보야키坩燒(소라를 껍데기째로 삶은 다음 알맹이를 꺼내 잘게 썰어 양념해서 다시 껍데기에 넣어 익힌 음식)였다니.

　여담이지만 노무자들은 이 쾌락이 유일한 낙인지라 피 같은 돈을 어쩔 수 없이 술값으로 탕진하는 일이 비일비재하다. 술에 절어 사는 그들은 이른 아침이건 한밤중이건 술집에 죽치고 앉아 곤드레만드레 할 때까지 부어라 마셔라 한다. 겨울에는 막걸리의 다른 이름인 탁주(막걸리는 탁주에 물을 타서 희석한 술을 뜻한다. 막걸리란 이름이 처음 공식적으로 불린 것은 1916년 조선총독부가 '주세령'을 발표해 쌀이 부족해지자 물을 섞어 팔면서, 물 탄 탁주와 안 탄 탁주를 구분하려고 '막걸리'라는 상표를 붙이면서부터라고 한다), 여름에는 소주를 마신다. 모두 독주이며, 맛이 쓰고 떫은 발효주다. 명주를 마시던 사람의 입에는 도저히 맞지 않는다.

에서 여옹呂翁이라는 도사에게 부귀영화를 마음껏 누리게 된다는 신기한 베개를 빌려서 베고 잤더니 출세 가도를 달리고, 어마어마한 부귀영화를 누렸다. 그러나 눈을

뜨자 베갯머리의 황량[기장, 조를 뜻함]이 미처 뜸도 들지 않았을 만큼 짧은 꿈이었다는 뜻으로 인간 세상의 영고성쇠의 무상함을 비유한 것).

44 용은 상상 속의 동물이므로 최상품의 고기를 말함.

막걸리는 1홉(0.18리터)에 2센이며 잘 마시는 사람은 한 번에 5동이에서 7동이를 해치운다. 그중에는 옷가지를 잡히고 홧술로 10동이 이상 기울이는 사람도 있다. 따라서 막걸리집 앞은 언제나 빈 차로 가득하다. 아사쿠사, 시바, 간다神田 등 노무자들이 모이는 지역에 제일 많으며, 그 덕에 술도가 역시 덩달아 성업하니 군집할 때는 하루에 1섬(10말=0.18킬로리터) 이상 판다. 조림 안주를 접시에 담아서 5린 1센에 제공한다. 본래 탁주는 팔삭八朔(음력 8월 1일) 이후에 술을 담그면 겨우내 석 달간 가장 왕성하게 발효한다. 그런데 불린 쌀을 18일이 지나서 착즙하고 속전속결로 주조해서 얼큰한 술을 만든단다. 제조가에게 그 방법을 묻자 원래 백미 1섬을 넣고 술 3섬 5말을 짠다고 한다. 즉, 2섬 8말이 물인 것이다. 청주 8말에 물을 타서 1섬 3말을 짜는 지금과 비교하면, 거의 세 배로 물을 타서 배로 이득을 보는 것이다. 가장 이문이 많이 남는 음식으로는 막걸리를 당할 것이 없다고 도지杜氏(양조장의 총괄 책임자)는 말한다. 소주는 지게미 12관(45킬로그램)으로 8되(15리터)를 증류한다. 이 중 3되가 알코올 성분이며, 5되는 그냥 물이다. 이것을 혼합해서 1홉들이 컵 한 잔에 부어서 3센에 판다. 모두 독주고 맛이 쓰며 오랜 시간 공들여 빚은 여타의 술과는 비교가 안 된다. 노무자는 졸속으로 빚은 홍분제를 사 마시고 난폭하게 굴고, 무리한 노동을 하며 쌓인 피로를 푼다는 핑계로 재차 술을 마신다. 건강에는 백해무익이다. 광수狂水가 순환해서 혈액에 이상을

대폿집에서 탁주를 마시는 차부(1)

대폿집에서 탁주를 마시는 차부(2)

도쿄의 가장 밑바닥

일으켜 결국 몹쓸 병으로 쓰러진다. 하지만 건강이 악화되어 죽기 전까지는 필요악이다. 고된 노역에 지친 이들의 기운을 북돋워서 세력을 보존하고, 뱃심 좋게 쳐들어가서 빼앗으라고 부추기는 흥분제 역할을 하니 하층사회에서의 영향력은 결코 무시할 수가 없다. 그런데 어떤 부류의 노무자들이 이 가게의 귀한 단골손님인지를 실험하려다가 다시금 경탄했다. 다음에 기술한 표본을 보면 그 이유가 짐작될 것이다.

그 특별한 표본은 순경에게 타박을 받으면서도 돈이 없어서 갖은 궁상을 떤다. 하나에 5~6센 하는 만주가사饅頭笠(만두 모양의 우산)는 쓰레기통에서 주웠는지 찢어지고 낡아서 꼬질꼬질한 것을 수선해서 쓰고, 한 벌에 20센인 잠방이는 대황(갈조류 다시맛과의 해조. 옷이 얼마나 남루한지를 은유적으로 표현한 것)처럼 갈기갈기 찢어졌다. 면도할 돈 1센 5린과 손질할 돈 2센 5린이 없어서 머리에는 까치집을 지었다. 한 벌에 15센은 줘야 장만하는 핫피는 12센에 맡겼던 것을 전당포에서 찾아 입었다. 그러나 애송아지라도 들이받았는지 때가 타고 땀이 얼룩져서 구저분하고 악취가 코를 찌르니 행인과 동료들이 기피한다. 원상복귀가 힘든 그 특별한 표본이 가게에 올 때마다 주인은 기이한 눈초리로 살핀다.

그러나 술상 앞에만 앉으면 아낌없이 펑펑 쓴다. 주둥이가 긴 술병 3병, 나마스膾酢(채소나 생어패류의 초무침) 두 접시를 시키고 거나하게 취해서 주머니를 바닥낸다. 이 표본 못지않게 품행이 불량한 각양각색의 인물을 열거하면 다음과 같다. 낮에는 박쥐처럼 찢어진 담요를 뒤집어쓴 채 빛을 피하고(단지 변변한 작업복이 없어서) 해가 지고서야 비로소 일터로 나가 밤을 지새우며 일하는 인력거꾼, 두더지처럼 목이 움츠러들고 손발이 곱아서 걸음걸이가 불편한 공사판 막노동꾼(얇은 옷으로 한겨울을 나기 때문에 동작이 굼뜨기 마련), 늙고 병든 사람, 술에 만취한 사람 등이 대부분을 차지한다. 입에 술을 달고 사는 사람이 더러 있는데, 죽지 못해 마시는 양 오만상을 찌푸리고 마시곤 한다. 이 끔찍한 고초를 견뎌내야만 하는 기구한 신세가 술을 부른다는 듯이.

24. 야간에 영업하는 차부

'요나시'(한밤중에 손님을 찾아 거리를 돌아다니던 차부를 일컫는 속어로 요나라고도 했다)라고 외치며 저녁때부터 채비해서 1시 지날 무렵까지 밤을 새우며 일하거나 저녁 9시경에 나와서 동틀 무렵에 숙소로 돌아가는 차부들은 결코 적은 수가 아니다. 혹자는 도쿄에 깨어 있는 사람이 5000이면 그중 4000은 차부라고 한다. 실제로 대도시 노점에서 밤새하는 사람 수는 1000명을 헤아린다. 차부는 이 숫자의 4배이니 어찌 적은 숫자라고 하겠는가. 확실히 밤일은 낮일보다 임금이 셀뿐더러 손님을 잡기도 쉽고, 재수 좋으면 횡재를 하기도 하므로 영업 성격상 원하는 재미를 충족시키기에 적합하다. '좋은 종자' '좋은 봉' '봉을 잡다' '구슬을 놓치다' 등의 은어는 그들 사회에서 활발하게 통용되는 말이다. 그런데 사냥감을 잡겠다는 일념으로 밤이슬을 무릅쓰고 어둠을 뚫고 구석구석 찾아다니는 재주가 참으로 용하다(흡사 탐정처럼 곁눈질로 슬쩍 보고 손님을 찾아내는 당시 차부들의 눈썰미는 모름지기 백발백중이었다). 상당수는 신바시新橋 역 근방, 교바시, 요로이바시鎧橋, 메가네萬世, 료고쿠兩國 등의 다릿목, 아사쿠사바시, 가미나리몬雷門 앞, 우에노의 히로코지廣小路, 구단자카 아래, 요쓰야, 우시고메, 아카사카 등의 고지대 바깥 성문(미쓰케見附, 외적의 침공·침입을 발견하고자 성 외곽에 설치한 성문), 아카바네赤羽根, 에이타이永代 다리 근처 등 사통팔달의 요로要路, 북곽北廓, 남곽南廓,[45] 신바시新橋, 야나기바시柳橋 등 괴이한 소굴로 드나드는 좁고 더러운 거리에 밀집해 있다. 이들 족속은 오입쟁이가 부르기를 기다리거나, 인적을 쫓아 내키는 대로 쉬엄쉬엄 돌아다닌다. 아니면 외진 도로의 연변, 큰길, 골목길, 쓸쓸한 거리의 모퉁이처럼 적막한 장소에 차를 세워놓고 하염없이 손님을 기다린다. 비 오는 밤이나 눈 오는 새벽에 길을 걷노라면 무심코 처마 밑에 쭈그리고 앉아서 인적이 다가오는지 살피는 모습이 보인다. 추위는 매섭고 비가 내려서 습한 이 적막강산에 그물을 치고 꿋꿋이 참고 견딘다고 정녕 봉이 그물에 걸릴까. 하나 마나 한 미련한 짓이라고 생각하지만, 현실 세계에서는 예상에 어긋나는 일이 있는 법이다. 복잡다단한 대도시에서 아무리 바람이 세차게 불고 폭우가 쏟아지는 밤일지라도 거리에 일거리가 끊기는 일은 없다. 설사 밤을 꼬박 새우고, 천뢰天籟, 즉 하늘의 모든 소리(바람 소리, 빗소리 등등)가 잠잠해지고 사람도 가축도 모두 잠들어 길거리에 개미 새

45 북곽은 신요시하라新吉原 유곽, 남곽은 시나가와品川 유곽. 에도 시대 에도성에서 봤을 때 북·남쪽에 있었던 까닭에 생긴 별칭이다.

끼 한 마리 보이지 않을지라도 교통신交通神의 신통력은 여전히 건재하다. 갑에서 을로, 병의 집에서 정의 집으로, 동네방네로 삼시간에 뻗어나가 까마귀가 날아오르듯이, 유성이 날듯이, 동백꽃이 떨어지듯이, 번개가 번쩍이듯이, 짙은 연무 속에서 난데없는 발소리가 들리며 손님이 나타나면 반색하며 영업에 나선다. 그야말로 대도시 교통신의 영험한 은혜다. 또한 손님을 기다리는 것도 영업의 일환이므로 나름대로 방법을 강구한다. 추운 겨울밤에는 가랑이 사이에 초롱을 끼고 온기를 유지하며, 여름에는 인력거 포장 속에서 한숨 청하며 동트기를 기다리고, 비 오는 날에는 처마 밑에서 담요를 목부터 둘둘 말고 냉기와 습기를 견디다가 손님을 보는 즉시 냉큼 한텐袢纏을 벗고 달려간다. 길이 질퍽거려서 인력거가 꼼짝하지 않을 때나, 혹은 사선으로 내리치는 빗발 때문에 통행이 어려울 때야말로 횡재할 절호의 기회여서 10정(약 1킬로미터)에 8센, 혹은 고지마치에서 후카가와까지 40센을 청구한다. 그리고 간혹 제 발로 찾아온(우타이코미ウタイコミ[46]) 오입쟁이를 중앙시장에서 유곽으로 실어다주면 행하行下(품삯 이외에 더 주는 돈)를 후하게 받기도 한다. 이러한 까닭에 그들은 밤이슬을 무릅쓰고 건강을 해치더라도 밤새도록 밤길을 달리며, 가다 서길 반복하며, 손님을 기다리고, 사냥감을 찾아 헤맨다. 아울러 그들은 크게 두 부류로 나뉘는데 숙련자인 갑과 풋내기인 을의 돈 버는 방법은 확연히 다르다. 숙련자의 돈벌이는 순전히 밤일로서 앞서 말한

46 손님이 찾아와서 목적지를 말하고 데려다달라고 하는 것. 인력 차부 사이에서 썼다. 또한 울다, 사과하다, 항복하다의 뜻을 지닌 은어이기도 하다.

사냥감만 눈독을 들인다. 단거리, 값싼 품삯에는 꿈쩍도 않으며, 한밤중에 북새를 놓는 손님은 죄다 남에게 미루고 막판 손님 한두 명에게만 관심을 두고 전력을 다하므로 밤새도록 1린도 못 버는 날이 있지만 1시간에 50센, 비 오는 날에는 사흘에 3엔을 벌기도 한다. 조바심 내지 않고 몸을 혹사하지 않으며 침착하게 사냥감을 살피면서 호흡을 가다듬는 진정한 전문가다. 이와 반대로 풋내기는 한밤중에 붐비는 손님을 보면 초조해서 숨이 가빠지며 신바시新橋에서 혼고까지 8센, 료고쿠바시兩國橋에서 아카사카까지 10센 벌자고 무슨 대단한 월척이라도 되는 양 서로 태우려고 다툰다. 5정(약 550미터), 8정(약 880미터), 12정(약 1318미터)의 거리에 2센, 3센, 5센, 7센 벌자고 진종

처마 밑에서 밤새는 차부

밤새워 장사하는 포장마차

일 빨빨거리고 돌아다니니 12시, 1시 넘어서야 일을 파하는 날이 허다하다. 해질녘의 거리에서 어깨를 치며 소식을 주고받는 사람은 사방 10정 안에 무려 1000명을 헤아린다.

어묵, 조림, 찹쌀떡, 김초밥, 유부초밥, 수제비, 소바가키蕎麦ガキ(뜨거운 물로 되직하게 반죽한 메밀을 덩어리째 겨자를 얹어 따끈하게 데워서 소바쓰유에 찍어 먹는 요리), 조니雑煮(채소, 버섯, 고기 등을 넣어 끓인 맑은장국이나 된장국에 찹쌀떡을 구워 넣고 정초에 먹는 일본식 떡국), 삶은 팥, 꼬치구이, 차메시茶飯(찻물로 지어 소금으로 간을 맞춘 밥. 혹은 간장과 술을 타서 지은 밥), 안가케餡掛け(칡가루로 만든 양념장을 얹은 요리), 우동, 고모쿠메시五目めし(생선, 채소, 고기 등을 넣은 일본식 비빔밥), 더운술, 단팥죽, 아마자케甘酒(감주. 멥쌀 또는 찹쌀을 죽 상태로 끓이고 쌀로 만든 누룩을 넣어 전분을 당화하여 만든 음료. 혹은 술지게미에 설탕과 물을 넣고 데운 음료) 등을 파는 포장마차는 오로지 밤일을 나온 차부 덕에 장사한다. 목이 좋은 집은 밤마다 2엔에서 3엔쯤 하는 음식을 판다. 이윤은 대략 3할 내외로 더운술, 조림, 기리모치切餅(네모지게 자른 떡) 등 종류도 다양하다. 그중 큰 우산을 메고 나가 덮개를 설치하고, 장지를 둘러치는 집은 사내아이 너덧을 종으로 부리며 밥과 튀김을 만들어서 판다. 이러한 노점들은 오후 10시의 신바시에서 메가네바시까지 모두 86군데를 헤아린다. 마찬가지로 12시에는 41곳, 밤이 이슥한 오전 2시에는 23곳이 거리를 지키고 있다. 결국 노점 6곳에 차부 2명꼴로 밤을 새우는 것이다.

25. 영업용 인력거

　으리으리한 문과 누각의 구석진 그늘, 큰 전방과 넓은 상점 옆의 비좁은 거리, 기생집, 요릿집, 관사, 회사, 저택이 자리한 근방에는 어김없이 영업용 인력거[47]가 보인다. 바로 인력거 업체다. 가게 전체에 새끼를 엮어서 포럼을 드리우고 옥호가 적힌 사방등(네 면에 유리를 끼우거나 종이 또는 헝겊을 바르고, 그 안에 등잔이나 촛불을 켜서 들고 다닐 수 있게 만든 등)과 고시쇼지腰障子(아랫부분에 높이 30센티미터가량의 판자를 댄 장지), 차량 5~7대, 도유桐油[48] 10벌을 갖추고 있다. 한편, 1대에 15엔 상당의 장식 차량은 칠을 해서 광이 나고, 바퀴는 말끔히 닦아 윤이 나며, 놋쇠 용수철, 고무포장, 스코틀랜드 면[49]으로 만든 무릎 덮개를 비치했을 뿐만 아니라, 발판에는 모피깔개까지 깔았다. 또한 홍보나 손님 쫓아다니는 것을 시시하다고 비웃는, 감색 핫피에 흰 잠방이를 입은 혈기왕성한 장정 대여섯이 호출받는 대로 씩씩하게 달

47　야도구루마宿車라고 씀. 인력거 업체에 소속돼서 손님의 의뢰가 오기를 기다리는 인력거나 인력거꾼을 말함.

48　동유지桐油紙로 만든 우비인 도유갓파桐油合羽의 줄임말.

49　스코틀랜드 남부에서 생산하는 손으로 짠 직물을 말한다.

려나간다. 미나미나베정南鍋町에서 메구로目黑까지 우천 시에는 값을 대폭 깎아서 3대에 한 냥 2푼, 히라카와정平河町에서 무코지마(사쿠라바시櫻橋 주변, 즉 스미다구 무코지마墨田區向島)까지는 5대에 왕복 2엔의 품삯이고 행하(품삯 외에 더 주는 돈)를 요구하며, 점심으로 다과를 준다. 한 달에 3엔의 생활비로 밥은 실컷 먹고, 침구와 주반을 비롯해 잠방이와 핫피의 세탁까지 모두 여관에 맡긴다. 밤샘하고 낮에 자며, 평소에는 사랑방 이로리囲炉裏(농가 등에서 마룻바닥을 사각형으로 파고 난방과 취사를 목적으로 불을 피우는 장치)에 사쿠라탄佐倉炭(지바현 사쿠라 지방에서 생산되는 상수리나무로 만든 탄)을 때며 가부좌를 한 채 너털웃음을 치며 신나게 떠든다. "거북아!" "하라야!" 하고 동료를 부르며 "그 얘기 들었어?" "그나저나 너도 봤지?"라면서 말머리를 꺼낸다. '차브타라, 스카탄50' 등의 전문 용어를 줄줄이 읊어대며, 궐련을 문 채 가루타骨牌●의 마부와 친분을 쌓고, 데로렌 제문デロレン賽文51을 배운다. 이른바 순수한 의미의 숙소에서 사는 차부 중의 차부다.

숙소 주인의 몫은 대개 매상의 3할. 한 달 평균 80~90엔을 웃도는 거의 상급 숙소다. 단, 정월과 4월은 예외다. 이 중 40~50엔을 예닐곱 명의 보수로 배당하고, 나머지 30엔에서 35엔을 숙소 주인의 수입으로 계산한다. 바퀴살 값,52 도구 대여료, 목탄, 기름, 기타 잡비 명목이다. 하치칸정八官町(긴자 핫초메八丁目 뒷골목), 유미마치弓町(도쿄 분쿄구文京區 혼고本郷) 등의 긴자銀座 뒷골목, 히라카와정平河町, 하

---

50 차브타라チャブタラ는 요코하마시의 방언으로 마맛자국을 말함. 스카탄スカタン은 속어로 기대를 저버리는 것, 기대가 어긋나는 것, 속는 것, 바람맞는 것, 허방 치는

것, 따돌리는 것을 말한다.
● 주로 정월에 실내에서 즐기는 카드놀이. 포르투갈어로 편지, 도표, 트럼프를 뜻하는 카르타Carta에서 유래. 100인의 와카和歌가 한 수

씩 적힌 46장씩의 그림카드, 글자카드를 짝 맞추는 놀이)를 만지작거린다. 우마야정(번의 마구간이 설치되어 있던 것에서 유래된 지명. 당시에는 마구간에 마장[승마 연

야부사정隼町, 아카사카의 다마치田町 부근은 상급 숙소로 모두 단골손님을 보유한 터줏대감이다. 그러나 현재는 이 상급 숙소 수가 매우 적으며, 거의 홍보와 손님 쫓아다니기를 반반씩 한다. 특히 근래 들어 영업용 인력거의 인기가 시들해져서 어지간히 사치스러운 단골손님이 아니면 부르질 않으니 공치는 인력거가 늘고 노임마저 하락했다. 따라서 헌등만으로는 선전 효과가 신통치 않아 평소에는 대개 거리에 나와 영업한다. 바퀴값으로 하루에 4센을 거두어들인다. 다섯 대가 벌어들이는 매상은 평균 5~6엔. 여기에 홍보해주는 값으로 떼는 웃돈을 합하면 숙소 주인의 한 달 수익은 10엔 내외다. 새 차를 장만할 여유가 없으니 한 대에 5~6엔 나갈까 말까 한 수선물이 대부분이다. 비녀장(바퀴가 벗어나지 않도록 굴대 머리 구멍에 끼우는 큰 못)에는 진흙이 묻고 흙받기의 칠은 벗겨졌으며, 조잡한 무릎덮개와 모피깔개 없는 발판, 낡아빠진 내부 장식이 참으로 초라하기 그지없다. 궁하기는 업체도 마찬가지다. 외관은 말하나 마나고, 찢어진 다다미에, 마당은 썩고, 일기장(장부)은 휴지鼻紙를 철해서 쓰며, 이로리 주변에서 장작을 지핀다. 식기는 깨지고, 2층 침실은 천장이 없으며, 매연이 등나무처럼 타고 내려오고, 높이도 낮다. 또한 들보는 경사가 졌으며, 객실은 바닥이 꺼져서 딛고 서 있을 수가 없다. 조석으로 이부자리를 개지 않고, 장지를 치우지 않으며, 쓰레기를 쓸지도 않는다. 성냥으로 양초 심지에 불을 밝히고, 겹겹이 쌓인 찢어진 이불, 죽

습과 경마를 했던 곳)이 설치되어 있었고 말의 사육을 담당하는 무사도 거주했다.

51 でろれん祭文이라고도 씀. 걸립꾼의 설법제문説経祭文의 일종. 호라가이法螺貝(소라고둥의 뾰족한 쪽에 구멍을 뚫어 소리 나게 만든 것)를 불고 짧은 석장錫杖을 흔들면서 남의 집 앞에서 시주를 청하며 합장하고 "데로렌, 데로렌"이라고 한다. 한국의 풍각쟁이들이 부르는 각설이 타령(장타령) 정도로 보면 될 듯하다.

순 껍질, 목침이 나뒹구는 황량한 침실에 모로 눕거나 넙죽 엎드려서 초밥, 찹쌀떡을 먹고 있다. 그 외에도 옹기종기 둘러앉아서 화투, 초보이치樗蒲一(한 개의 주사위에서 나오는 눈을 예측하여 맞으면 네 곱을 타는 도박)로 투전판을 벌이거나 외설적인 애기로 기생집 광경을 연기하는 모습이 일전의 그 공사판 막노동꾼 숙소를 방불케 했다. 지붕값 1센, 이불값 1센, 바퀴값53을 합해서 한 달에 1엔 80센을 숙소에 상납하지만, 밀려서 호되게 독촉을 당하다가 3~4개월 후에 다른 곳으로 옮기는 것이 예사다. 그런데 이런 인부가 무려 1만 명이다. 해질녘에 차를 끌고 나가서 오전 1시까지, 혹은 동틀 무렵 2시간과 심야 3시간만 영업하고 하루에 20센, 간혹 37~38센을 받기도 하나 1린도 못 버는 날 또한 있다. 식사는 밖에서 하고 끼니를 꼬박꼬박 챙겨 먹지 않으므로 어쩌다 거르는 날은 7~8센에서 20센을 아껴둔다. 삼류 고샤쿠講釈에 들러서 엉터리 연극을 보고, 동료들과 돈을 추렴해서 유쾌하게 술을 마시고 노름판을 벌이든가, 창녀에게 쓰느라 일 년 내내 일해도 달랑 걸친 옷 말고는 모아둔 재물은커녕 네모난 띠 하나, 여벌로 둔 변변한 게다 한 켤레조차 없다. 대통이 찌부러진 도금한 담뱃대를 물고 궐련을 피우며, 살담배(칼로 썬 담배)를 넣는 주머니가 찢어져서 가루가 새기도 한다. 행실이 이러하니 부인의 빈축을 사는 것은 당연지사지만 이 숙소에 사는 차부들의 처지는 다들 대동소이하다.

---

52 齒代. 하다이. 차량 이용료, 차를 빌린 삯. 하齒는 바퀴살을 뜻함. 바퀴값輪代이라고도 한다.

53 바퀴값端代: 바퀴값. 바퀴살값과 같은 말.

26. 늙고 병든 차부

다다미 4장 반(약 6.5제곱미터) 정도 넓이에 3자(90.9센티미터)의 부엌 딸린 집의 집세로 1엔 20센, 그리고 네 식구 생활비로 일당 25센이 고스란히 들어간다. 이것이 중급 차부의 안살림살이다. 아직은 꽤 정정한 편이고 어린 핏덩이를 버리는 지경까지 타락하진 않았지만, 급이 더 내려가면 사정이 바뀐다. 쉰이 넘어서 대머리에, 자글자글 주름진 얼굴로 온종일 힘에 부치는 고된 영업을 감내해야만 한다. 그러니 삭신이 쑤시고, 현기증, 치통(충치로 인한 동통), 천식을 얻은 것도 모자라 온몸에는 고약과 뜸 뜬 자국이 덕지덕지하다. 남편이 비실비실하니 아내는 가내부업이라도 해서 집세에 보태야 한다. 딸도 반찬값이라도 벌려고 물감가게로 출근한다. 바닥이 낮고 습기가 많은 좁다란 골목길에 살아서 몸을 쭉 펴야만 지나다닐 수 있다. 상체를 굽히고 간신히 들어가는 집은 더 가관이다. 처마는 썩었고, 노파의 이처럼 듬성듬성 구멍 난 차양이 햇볕을 가려서 어두운 실내는 흡사 누룩방 같다. 살림살이라고는 낡은 고리짝, 멍석, 해진 이불이 전부였으며, 부뚜막은 허물어지고, 다다미 위에 씌우는 돗자리는 짐을 실어 나르는 말의 뱃대끈처럼 꼬질꼬질하지만 새로 장만할 능력이 없다. 그나마 아직 가장은 건재하다. 환갑 나이에 차를 끌거나 예순여덟의 나이에 여전히 노역에 종사하는 사람, 양육원養育院(의탁할 곳 없는 노인·환자·고아 등을 맡아 돌보는 시설)이나 빈민수용시설에 들어가야 마땅할 홀아비 같은 하급 차부의 처지를 보면, 사뭇 대도시의 무자비함을 개탄하지 않을 수 없다. 그들 중에는 의지할 친척이나 기댈 주인집은 물론이고 생계를 유지할 돈조차 없는 사람이 있다. 따라서 담뱃대 가는 일을 하는 가난한 라오야와 함께 살거나, 넝마장수, 게다 굽갈이를 하는 사람, 아메가시飴菓子(엿이나 엿을 재료로 만든 과자) 장수 등과 부엌을 같이 쓴다. 시타야의 만넨정, 요쓰야의 사메가하시, 또는 시바, 아자부 등의 빈민굴에서도 제일 처지는 사람들이 이들이며 폐가에 거주한다. 지붕널은 무너지고, 천장은 물방울이 떨어져 축축하며 얼룩진 벽지에 도마뱀붙이의 발자국이 찍혀 있다. 캄캄한 방에 틀어박혀서 부리부리한 눈으로 한숨을 쉬며 신세한탄을 한다. '하아, 내 인생은 왜 요 모양 요 꼴일까. 이젠 사는 게 진저리가 나. 고생할 만큼 했건만 입 하나 해결하기 벅차니 대체 무슨 조홧속인지 몰라. 여편네는 집세 달라고 빽빽거리며 성화지. 업주에게 말해봤자 씨알도 안 먹힐 테니 차라리 목매달고 죽는 편이 낫겠어. 개새끼, 지붕값 달라고 쨍쨍거리기만 해봐. 네놈 집 처마 밑에 쪼그리고 앉아서 훈도시褌로 목을 맬 테니까. 매정한 주인 할망구, 내 차 뺏어갔다가는 부엌에 뒈져서 너부러진 시체나 구경할 각오해. 병신 같은 놈, 예순여덟 먹은 늙은이에게 시킬 일이 따로 있지.'

망상에 사로잡힌 영혼을 둘러싸고 있는 반신불수 몸뚱이는 종일 이렇게 캄캄한 방에서 괴이한 눈빛으로 무기력하게 한숨을 내뱉는다. 하지만 고장난 몸뚱이일망정 마냥 헛된 망상 속에 빠져 있을 수만은 없다. 마음을 가다듬고 생업에 나서야 한다. 생업? 어쨌거나 왕래하는 사람은 뼈마디에 골병든 몸이라도 사므로 죽을 둥 살 둥 헤갈하고 다녀야 산 입에 거미줄 치지 않는다. 여러분은 찢어진 한텐에 헌 담요를 두르고, 고물 차의 채를 잡은 채 상념에 잠겨 비칠비칠 빈민가 주변을 돌아다니는 그들을 보았는가. 이따금 손님을 받으면 3정(327미터)을 꾸물꾸물 걸어가서 가쁜 숨을 몰아쉬고, 2정(219미터) 가다가 허리를 펴며, 4~5정(5600미터) 가서는 당장 숨이 끊어질 듯이 할딱할딱한다. 그렇게 고통을 참고 받은 알량한 품삯으로 밥 한 공기 사 먹고 주린 배를 채운다. 그런데 승객은 노인과 부녀자만이 아니다. 때로는 다릿심 좋고 혈기왕성한 장년의 사내까지 품삯이 싸다는 것을 알고 몸이 성치 않은 사람을 부려먹는다. 세상이 거꾸로 돌아가는 모양이다. 경찰의 단속에는 물론 엄격한 규칙이 있다. 그러나

장사를 태우고 달리는 늙고 병든 차부

굶어 죽지 않으려면 별수 없으니 핫피를 빌리고 대리인을 세워서 형식적인 검사를 마치고 몰래 영업한다. 평상시 길에서 마주치면 신간이 편하고, 평안해 보인다. 그러나 이것은 어디까지나 그들의 기분 탓이다. 화창한 햇살 아래서 공활한 창공을 보면 누구나 기분이 밝아지기 마련이다. 발길을 돌려 와려蝸廬(달팽이 집이라는 뜻, 작고 초라한 집을 비유한 말은 와옥)를 찾아가면 망상에 사로잡힌 영혼들의 실제 처지를 알게 될 것이다.

27. 전쟁 같은 생활

현재 관할 지역에서 영업하는 인력거 수는 6만 대. 그중 2만 대는 순서대로 쉬면서 대기하는 차이고, 나머지 4만 대는 죄다 외근 나가서 운행한다고 치면 차부 한 사람의 하루 생활비가 25센이라고 가정했을 때 막노동꾼들이 하루에 1만 엔은 벌어야 일상생활이 가능하다. 그러나 도쿄에 거주하는 인구가 집집이 일당 1만 엔인 자가용 인력거꾼을 대거 고용하기로 합의한다면 모를까 어림 반 푼어치도 없는 소리다. 현실화되려면 고용주나 차부나 예사로 일당을 지급하고, 수령해야 한다. 그리고 대도시는 이들 인력거꾼이 건실하게 성장할 수 있는 역량을 갖춰야 한다. 마땅히 진지하게 고민해볼 문제다. 현재 관할 지역 30만 호의 주민 150만 명이 축내는 후카가와 미곡창고의 쌀은 4500석. 인간의 생명 유지에 으뜸가는 필수품이지만, 하루에 3만 엔을 넘지 않는다. 도쿄 거주민이 승차비로 내는 돈의 3분의 1이다. 주민 150만 명의 주식은 하나같이 쌀이니 한 끼도 쌀 없이는 살수가 없다. 반면에 이 세상에 영업용 인력거를 이용하는 사람은 몇이나 될까. 노인, 어린아이, 부녀자들, 규중처자, 앉은일 하는 사람들, 지체 높은 사람, 그리고 무수한 가난뱅이와 마차 타는 사람을 제외하면 극소수일 수밖에 없다. 구체적으로는 다망한 사무원, 업무상 날마다 교통비로 지급하는 30센 중 10센은 마차철도(마차가 끄는 철도)에 내는 사람이다. 마차철도가 나날이 인기라는 것은 만인이 인정하는 사실인 만큼 터줏대감 자리를 빼앗긴 인력거 시장은 늘 한산해서 매상이 350엔도 안 된다. 물론 일반 상인들 역시 용달로 이용하긴 한다. 하지만 장사 차 간다에서 긴자로 가거나 긴자에서 후카가와로 가는 손님이 인력거에 지급하는 돈은 하루에 20센. 그나마도 들쭉날쭉해서 사흘이나 닷새에 한 번 탈까 말까 하다. 그리고 한 달에 두세 번, 가물에 콩 나듯이 하늘이 맑게 갠 화창한 날이면 시노부가오카忍ヶ岡에서 긴류잔金龍山, 스미다강隅田川 제방, 가메이도亀井戸에 몸보신하러 가는 손님이 있다. 그러나 아무리 흥청망청해도 찻삯에는 인색해서 달랑 30센 쓴다. 그 밖에는 벗이나 친척에게 편지를 보내거나, 병문안하러 가는 손님들이다. 아무리 오래 떨어져 지냈어도 안부 편지는 끽해야 석 달에 한 번 보내고, 설사 당일에 인력거의 품삯으로 10엔을 지급해도 차부의 호주머니에 떨어지는 액수는 달랑 12센 5린이다. 결국은 차부가 성장할 만한 터전이 못 되는 것이다. 편지 보내는 사람도, 몸보신하는 사람도 손에 꼽을 정도이니 차부를 양성하기에는 역부족이다. 그렇다면 관할 지역의 주민 중 상인이나 사무원의 숫자는 대체 평균적으로 얼마나 될까. 특히 빼곡하게 승객을 태우고 하루에 500엔이 훌쩍 넘는 매상을 올리며 승승장구하는 마차철도와 비교하면, 존립 자체가 위태로운 상황이다. 도쿄 주민들이 1만엔을 쾌척하며 자주 이용하지 않는 한, 굶어 죽을 판이다. 사회가 위아래 고르게 균형적으로 발전하려면 하층사회 생활이 안정되어야 하므로 그들이 봉착한 난관을 기준으로 판단해야 한다. 그래서 응당알아야 할 전쟁 같은 생활의 실상을 소개하고자 한다.

때는 정오. 료고쿠바시兩國橋 근처의 정거장에 차부들이 모여서이야기한다. 갑이 "저, 형님, 엊저녁은 어땠어요?"라고 묻자 을이 "다리칸ダリカン[54]으로 종쳤어"라며 "그러는 넌 재미 좀 봤어?"라고 묻자 "벌기는요 개뿔. 허탕만 쳤어요"라고 한다. 병이 정에게 "난 반도バンドゥ[55] 엊저녁에 완전히 재수 옴 붙었다니까"라고 속삭인다. 갑은 구명난 붉은 담요를 허리에 두르고, 다리가 하얀 병은 감색 핫피法被(본래무가의 머슴들이 입던 옷으로, 통소매에 기장은 허리에서 무릎 사이. 등에 커다랗게 상호를 넣는 것이 특징) 차림이다. 을은 해진 통소매 옷에 남루한잠방이를 입었다. 정은 군인 모자를 걸친 곱사등이다. 그나저나 거기 모인 사람들의 면면을 훑어보니 차림새가 제각각이다. 장정과 노인이 각각 한 명, 뒤룩뒤룩 살찐 사람, 깡말라서 새 다리인 사내, 대머

---

54 저장식품 판매상·짐수레꾼들 사이에서 50센을 일컫는 은어.

55 8센. 헤이본샤平凡社의 『대사전大辞典』에 의하면 '坂東'이라고도 쓴다. 에도 시대 생선장수, 초밥집, 청과물상, 가마대여소(가고야駕籠屋, 가마꾼을 두고 손님에게 가마를 제공해주는 집), 뱃사람들 사이에서 8, 80, 800 등의 뜻으로 쓰였던 은어. 간토関東 8개국에서 유래된 말이라고도 하며 메이지 시대 이후에는 인력거꾼·마차 업체

리 사내, 청년, 만두 모양 삿갓을 쓴 사람, 머리를 천으로 동여맨 사내, 다이코쿠 모자大黑帽子(다이코쿠텐大黑天이 쓴 베레모처럼 생긴 모자)를 쓴 사내, 뎃코手甲(천이나 가죽으로 손등과 팔목을 싸게 만든 토시), 주반 소매를 단 사람, 긴 잠방이, 쇠코잠방이(긴 잠방이보다 바지 길이가 짧은 잠방이)를 입은 사람 등등. 또한 생김새 역시 각양각색이다. 눈매가 날카로운 사람, 우둔해 보이는 얼굴, 잔인하게 생긴 얼굴, 준수한 외모, 야비한 인상, 영민한 눈망울, 고양이처럼 좁은 이마에 납작한 코, 우뚝한 코, 앙상하게 야윈 몸, 이른바 온갖 골상의 표본이 한자리에 있다. 건이 "요즘에는 일이 뜸하지요?"라고 묻는다. 곤은 "아까 손님을 찾아서 신바시까지 갔는데 거기는 여전하더군요. 차가 어찌나 막히던지 다리 앞은 걸을 수가 없어요. 서남간(서쪽과 남쪽 사이)의 류칸정龍閑町으로 돌아오는 길에 이것도 다 먹고살자고 하는 짓인데 싶어서 시장기나 때우고 왔어요"라고 답한다. 손은 벌이가 영 형편없어서 손님 쫓아다닐 맛이 안 난다고 하고, 간은 정거장 일도 한물갔다고 한다. "어떤 병신이 아카사카에 300 받고 가냐. 인력거 업주 배만 불려주는 꼴이지. 돌 위에 살고, 물까지 사 마시는 게 도쿄 놈들이란 걸 몰라서 그래, 이 등신아"라며 제값 받고 일하는 사람勤番者[56]이 욕을 퍼붓는다. "거북이 새끼, 거길 또 가다니. 그 무지렁이 자식 진짜 참새 가슴이구먼. 오기만 해봐. 뼈도 못 추릴 테니까." 정직하고 싹싹한 거북이 새끼가 못마땅한지 동료들이 발끈한다. "그나저나 우리 유부남

도 썼다고 한다.

56 긴반샤. 에도 시대, 에도나 오사카 저택에 근무했던 당번병(番士=위병). 이 책에서는 값을 내리지 않고 제 값 받고 일하는 인력거꾼이라는 뜻.

께서는 어젯밤에 알차게 버셨나?" 유부남이 웃으며 고개를 끄덕인다. "글쎄, 히카와氷川까지 도테지바, 혼고에 가서 도테겐, 그리고 돌아오는 길에 간논観音에 들러서 도테야마[57]야." 일제히 "이런 빌어먹을"이라고 소리친다. 어떤 이는 하루에 얼마 버는지 뻥치고, 어떤 이는 실제로 한 달 평균 5엔을 번다고 뻐긴다. 그들이 화젯거리로 주고받는 얘기를 열거하면 이렇다. 간다의 비싼 바퀴값, 까다롭게 구는 우에노 파출소, 하락한 품삯, 밀린 대여료, 숙소에서 쫓겨나게 생긴 사연, 무전취식, 대폿집에서 벌이는 추태, 도박판에서 돈 털리고 달아나는 얘기, 고리대금업자의 돈을 떼먹은 사건, 계 타고 패가망신한 사건, 불륜을 저지르게 된 사연. 그 밖에 탄식이 절로 나오는 이야기와 우렁차게 웃으며 문답을 주고받고 고상한 토론, 음담패설이 단속적으로 오간다. 후끈 달아올랐다가 잔잔해지고, 격정적이면서도 격의 없는 이 회합은 부지불식간에 풍진 세상의 변칙적인 사생활 실태를 덤덤하게 전한다. 그들의 처지가 얼마나 단출하고 홀가분해 보이던지. 때마침 이곳에 가방을 든 신사 한 명이 갑자기 나타났다. 잡담을 나누던 차부들이 일제히 자리를 박차고 일어나 매서운 눈초리로 말한다. 먼저 갑이 "나리 제가 뫼시지요"라고 외치자 이어서 을이 말한다. "나리 싸게 해드리겠습니다." 병이 다가가서 "손님, 어디로 뫼실까요?"라고 할 때 정이 돌진해서 "손님, 가시는 곳까지 편안히 모시겠습니다"라고 하자 신사는 걱정스러운 눈빛으로 그들을 쏘아본다. 갑, 을, 병,

---

57　도테지바ドテジバ는 12센, 도테겐ドテゲン은 15센, 도테야마ドテヤマ는 18센을 뜻한다. 도테ドテ는 차부와 떠돌이 가마꾼雲助(구모스케, 에도 시대에 역참을 중심으로 일하던 뜨내기 교군꾼)들의 은어로, 숫자 10을 말한다. 지바ジバ는 2(가마꾼 계통에서 쓰는 암호나 기호). 겐ゲン은 주먹을 뜻하는 겐코げんこ의 줄임말로, 5(주먹·한손·다섯 손가락)를 나타내는 은어다. 야마ヤマ는 8(목수의 암호나 기호).

정이 일제히 펄쩍 튀어나와 이구동성으로 "나리 어디로 뫼실까요?" 한다. 이에 신사가 한마디 한다 "중의원衆議院(일본의 하원)" "분부대로 하겠습니다." 딸가닥딸가닥 덜커덩덜커덩. 갑, 을, 병, 정, 무, 기, 경, 신이 앞다투어 빈 차를 끌고 나와 신사를 에워싸듯이 인력거를 들이밀자 신사는 당황해서 아연해한다. 어라, 이 개새끼 보게! 이 병신이 감히 누굴 새치기해. 뭔 개소리야, 뒈지려고 환장했구먼. 냉큼 꺼져 이 쳐죽일 놈아. 까불지 말고 비켜, 이 무지렁이 새끼야. 덜커덩덜커덩 딸가닥딸가닥. 나리, 가시지요. 주둥이 닥쳐, 등신 새끼야. 내가 먼저라니까! 나리, 출발하겠습니다. 저 칼 물고 뒈질 놈이, 묵사발을 만들어버리기 전에 말로 할 때 꺼져, 등신 새끼야. 나리, 제가 모시겠습니다. 나리, 나리. 사실 이러한 각축전은 이 일대에서 심심찮게 벌어지는 광경이다.

28. 분노의 도화선

위에서 이익을 농단하니 하층민에게는 돈이 유입되지 않는다. 값싼 임금 탓에 생업을 쉬는 노동자는 모두 절체절명의 위기에 빠진다. 아무리 올바른 소신과 지식, 탁월한 식견을 갖고 고상한 논의를 해도 애초에 사회적 사상이 없는 그들의 힘으로 이 사태를 예방하기는 무리이니 속수무책이다. 궁여지책으로 수를 내면 그런대로 먹힐지 모르지만, 당장 발등에 떨어진 불은 세상을 바꾸는 일이 아닌 생계 해결이다. 일당 35센도 아쉬운 판국에 도쿄의 미래가 진보하든, 퇴보하든 뭐 그리 대수겠는가.

하지만 그중에는 자영업을 하며 겪는 애로점에서 승객 종류, 차량 대수, 물가와 품삯의 비교, 사회구매력, 절약이나 사치하는 정도 등을 귀납시켜 실생활과 밀접한 지식, 얄팍한 지식을 선별하여 걱정하고 고민하는 사람도 없지는 않다. 문제는 6만 대의 차량, 5만 명의 막노동꾼, 25센의 생활비, 1만 엔의 노임이다. 도쿄는 자신의 이동수단인 발 또는 빠른 발 때문에 날마다 꼬박꼬박 1만 엔을 바친다. 계약 아닌 계약으로 저당 잡힌 도쿄 주민은 또박또박 이자를 갚아야 한다. 일분일초라도 이자 갚기를 미뤘다가는 돈에 걸신들린 채권자가 득달같이 쫓아와서 매몰차게 독촉한다. 얼마나 지독하게 구는지는 실제로 당해봐야 안다. 못 믿겠다면 말쑥하게 차려입고, 반질반질한 하오리羽織(방한·방진을 목적으로 외출할 때 덧입는 기장이 짧은 옷)를 걸치고, 화려한 신발을 신고, 박쥐우산, 모자, 가죽가방을 들고 시정市井(거리)에 나가보라. 도처에서 돈에 걸신들린 빚쟁이가 떼 지어 몰려와 앞다투어 으름장을 놓으며 돈 내놓으라고 난리 치는 꼴이 전쟁터나 다름없다. 그림자처럼 따라붙으며 돈 갚으라고 포악을 떠는 통에 살아도 사는 게 아니다. 한 영악한 차부가 요즘 인력거 영업의 관건은 손님 타기가 아니라 태우기라고 한다. 요즘 손님은 탈 마음이 3할이고 타기 싫은 마음이 7할이기 때문이라고 했다. 실로 맞는 말이다. 타고 싶은 마음이 3할이지만 호주머니 사정상 결국 7할의 타기 싫은 마음에 지고 만다. 그러나 차부도 그리 호락호락하게 물러날 위인은 아니다. 꽁무니를 쫓아다니면서 간이라도 빼줄 듯이 살갑게 굴며 아첨하면 결국 꼬임에 넘어가서 타고 만다. 타면 장땡이지만, 애초에 타기 싫은 마음이 7할이니 손님을 구워삶기가 쉽지만은 않다. 영리함은 손님의 마음을 간파하고, 교활함은 마음을 설득한다. 영리하면서 동

마음속으로 따져보고 타지 않을 가능성이 7할인 손님

시에 교활해야 비로소 손님을 잡는다. 이것이 작금의 인력거 영업의 실정이다. 도읍 안의 말뚝이 있는 8200개의 정차장, 어떤 장소, 어떤 차부에게 말하더라도 거짓말이라고 일축하는 사람은 없을 것이다. 이것이야말로 필요로 발생한 진정한 영업일 것이다. 대도시가 역량을 키우면 자가용 인력거의 차부를 양성할 수 있다.

　이상은, 물론 문득 떠오른 일개 기자의 좁은 소견에 불과하다. 하지만 많은 노동자는 이 기발한 발상을 곱씹어서 생각하고 지식을 총동원하여 뒷수습할 최선책을 강구하기보다는 일편단심으로 미봉책에만

58　메이지 시대 승합마차의 속칭. 덜컹거리는 마차, 덜커덩덜커덩하는 마차라고도 했다. 엔타로 마차라고 한 것은 만담가 다치바나야 엔타로橘家円太郎가 공연에서 승합마차가 가는 모습을 흉내 낸 것이 인기를 끌면서 세상 사람들이 엔타로 마차라고 별명을 붙인 것에 기인한다. 곧이어 증기선과 마차철도에 밀려서 엔타로 마차의 손님은 현격히 감소했다고 한다.

연연한다. 마차철도를 타도해야 한다느니, 엔타로 마차円太郎馬車[58]를 폐업시켜야 한다, 바퀴값을 낮춰라, 순경의 제재를 완화해야 한다고 주장한다. 마차철도가 챙기는 돈은 그들의 생활비 총계에서 보면 실로 하찮은 액수다. 그러나 그들에게는 당장 요절내야 하는 눈엣가시이므로 절치부심한다. 이 길고 큰 뱀에게 시시각각 자가용 인력거 손님을 빼앗겨서 짭짤했던 수입이 영 시원찮다. 이 모든 게 풍요로운 삶의 터전을 황폐한 사막으로 만들어버린 마차철도 탓인 듯만 해서 입만 열면 철거해야 한다고 주장한다. 그나저나 그 길고 큰 뱀이 챙기는 돈은 350엔도 안 되건만 마차철도를 쓰러뜨린들 얼마나 큰 이득을 보겠는가. 차부들에게 골고루 배당하면 실제로는 동전 한 닢에도 못 미치는 액수다. 그러나 무시로 목격하는 경쟁자가 5센, 10센, 아니면 하루 벌이의 절반, 전액을 낚아채가는 것만 같아서 모이기만 하면, 말만 나오면 절치액완切齒扼腕(이를 갈고 팔을 걷어올려 주먹을 꽉 쥔다는 뜻으로 단단히 벼르는 모습을 의미)한다. 마침내 이 길고 큰 뱀을 장사에 헤살 놓는 방해꾼으로 간주하고 봉기하여 전복시키기로 합의한다. 그러나 그들 중에는 주모자나 두목이 될 만한 인물이 없었다. 또한 그 바닥은 격문을 뿌리고, 집회·단결·동맹을 이끄는 조직적인 세력과 지도력이 대단히 미약하다. 자발적으로 행동에 나섰긴 하나 그들을 통솔할 권위 있는 세력이 부족했다. 탄력적인 교섭능력은 다섯 손가락 안에 꼽을 정도지만, 일사천리로 거사를 추진할 세력이 없다. 자고로 하늘을 찌를 듯 치솟는 분화는 산 위가 아니라 산 중턱이나 해저 하층에서 일어나는 법이다. 그러나 그토록 이익을 농단 당하고도 하층에서 용솟음친 뜨거운 불길은 산맥을 굽이쳐 내려가기는커녕 여전히 용액 상태로 지하에 뒤엉켜 있다. 그들의 치명적인 맹점은 거사를 앞두고 단결하는 결속력이 빈약하다는 것이다.

상식적으로 마차철도나 덜커덩 마차가 영업 면에서 하루 매출이 3000엔에서 5000엔이나 되는 독보적인 경쟁력을 갖춘 강적이라면, 그들도 헌신적으로 대동단결해서 강적을 타도할 계획을 강구해야 마땅하다. 그러나 마차 삯을 다 합해도 1000엔이 안 되는데 무슨 부귀영화를 누리겠다고 자진해서 일을 도모하겠는가. 두둑이 한몫 챙길 만큼 배당이 돌아간다는 보장도 없건만 섣불리 나서는 것은 어리석음의 소치이니 행동을 자제하기 마련이라는 게 총명한 마차회사의 주장이다. 듣고 보니 일리 있는 말이다. 이익의 농단이라는 거창한 말이 무색할 지경이다. 그런데 거세게 들끓던 하층의 용액은 한계점에 이르렀고 맹렬하게 요동치더니 갑자기 의외의 상황에서 비등하는 진풍경을 연출한다. 마차회사는 묘연한 일개 산에 불과하지만, 화산질火山質 토양이어서 위험한 화산목火道(땅속에서 화구로 통하는, 화산 분출물의 통로)의 맥이나 다름없기 때문이다.

하던 얘기로 돌아가자.

한껏 닳아오른 하층민의 분노는 폭발하기는커녕 어찌 된 영문인지 가일층 혼돈으로 치닫는다. 일일 기자는 그들의 영업 실태를 확인하고자 한 차부를 따라나섰다. 외진 곳에 사는 그들은 손님 낚으러 간다며 번화한 장소로 빈차를 끌고 간다. 혼조 후다쓰메二ッ目, 미쓰메三ッ目, 와리게스이割下水, 가메지마정亀島町, 다이헤이정太平町 뒷골목의 허름한 셋집에 사는 차부는 주로 료고쿠, 아이오이정相生町 거리를 향해 채를 잡는다. 야나카, 네즈根津, 도마에堂前, 이나리정稲荷町 주변의 외지고 으슥한 동네에 사는 사람은 우에노 히로코지, 야마시타山下, 가미나리몬雷門 앞, 아즈마바시吾妻橋 등의 번화가로 향한다. 또한 소토간다外神田 일대나 시타야에 사는 차부는 메가네바시萬代橋로, 후카가와에 사는 사람은 에도바시, 요로이바시鎧橋, 고아미정小網町, 고부나小舟, 가키가라蠣殻, 스이텐구水天宮 근방, 닌교정人形町 일대의 번성한 지역으로, 그 밖에 시바, 아카사카에 사는 사람은 신바시新橋로, 아자부에 사는 사람은 아카바네赤羽根, 미타로 간다. 저마다 인근에서 번영하거나, 사람과 말의 왕래가 빈번한 방면으로 가서 거리를 서성이는 손님을 쫓아간다. 우두커니 서서 사방을 둘러보거나, 차를 세워놓고 어느 동네가 조용하고 떠들썩한지를 물으면서 쉬다가도 사람들 틈에서 손님을 발견하면 냉큼 달려가 겸손하게 말을 건넨다. 그러나 손님이 많은 곳은 동업자 또한 많은 법. 입소문 듣고 온 차량으로 거리에는 분쟁이 줄을 잇고 이른바 호구와 봉도 무수한 이빨에 부딪혀서 산산조각이 난다('이빨에 부딪힌다'는 차부가 손님에게 달

려드는 것을 말하고, '산산조각이 난다'는 품삯을 찢어발기는 것을 말한다. 모두 그 바닥의 은어다). 간단한 볼일 보는 손님의 태반은 마차철도가 빼앗아가니 허접한 마차의 값어치는 똥값이 되고 툭하면 나타나서 감시하는 순경에게 유린당한다. 그뿐만 아니라 거리가 번화함에 따라 다양한 사람이 출몰하는 탓에 장사가 순탄하지만은 않아서 누진취영鏤塵吹影(먼지에 새기고 그림자를 입으로 분다는 뜻으로, 무의미한 노력을 비유하는 말)이 되기 일쑤다. 곤피라金比羅 신사, 스이텐구水天宮의 잿날, 감실 속 관세음보살상을 공개하는 날, 스미다강 제방의 벚꽃축제, 우에노, 시바야마芝山 등의 공원에서 특별 행사가 열리는 날, 도리노 이치酉の市(11월의 닭날酉の日[옛날에는 날짜에 십이간지를 붙여서 불렀음]에 오토리 신사에서 열리는 축제. 사업 번창, 복이나 부를 긁어모으는 장식인 구마테를 판매. 농민이 가을 수확을 축하하며 감사 표시로 닭을 바친 도리마쓰리鳥祭에서 유래), 에호마이리惠方參り(정월에 자기 집에서 그해에 가장 길하다고 여겨지는 방향[에호惠方]의 절이나 신사에 참배하는 풍습)에는 특히나 심하다. 인력거 모는 일과 마찬가지로 의관을 정제하고 정렬한 군중에게 가려고 혼잡한 인파에 부대끼다가 허탕 치고 돌아가는 사람이 부지기수다. 풋내기, 순진한 사람, 노인, 아둔패기들은 모두 그러하다. 그리고 번화한 장소, 요지, 알짜배기 지역에서는 같은 패거리끼리 잔인하게 아귀다툼하는 일이 비일비재하다. 풋내기 일일 차부는 인력거 채를 잡고 손님을 사냥하러 목 좋은 곳으로 후다닥 출발한다. 북적이는 인파

로 길이 막혀서 행여라도 좋은 손님 못 태울까 걱정하며 좌우를 흘끔거리는데 때마침 신바시 역에 기차가 도착한 모양이다. 이게 웬 떡이냐 싶어서 빈 차의 채를 틀어쥐고 역으로 냅다 뛰어간다. 개미구멍이 둑을 무너뜨린 듯이 사람들이 밀려들기 전에 인력거를 대고 손에 짐 하나를 든 부티 나는 손님이 오기에 쫓아가서 차에 태운다. 허를 찌르는 절묘한 꾀로 약삭빠르게 돈푼깨나 만지는 봉을 잡았다고 희희낙락하며 인력거 채를 들어올리고 출발하려는 찰나에 뒤에서 "야, 이 새끼야! 기다려"라며 저지한다. 의아해하면서 돌아보니 같은 차부였다. 영문을 몰라 어리둥절한 사이 난데없이 또 다른 사람이 등 뒤에서 나타나 머리 위로 힘껏 주먹을 날리고는 "도둑놈" "어디서 굴러먹던 놈이기에 남의 밥그릇을 넘봐. 차를 확 부숴버릴까보다"라며 으름장을 놓는다. 흉악하게 생긴 남자가 서슬 퍼런 눈빛으로 매섭게 노려보며 도둑놈이라고 하건만 도통 까닭을 모르겠다. "이 새끼가 간덩이가 부었나. 얼른 채 못 내려? 병신 같은 새끼야, 그 20냥의 임자는 나야. 네놈이 가로채게 놔둘 줄 알아?" "어디 이 도둑놈 상판대기 한번 구경하자." "똑똑히 기억해둬. 다음에 또 내 눈앞에 얼씬거렸다가는 아작내버릴 테니까 조심해." "무지렁이 새끼가 겁도 없이 감히 어딜 끼어들어." 정말로 정거장의 보증금은 20엔이었다. 그제야 겨우 사태 파악을 한 그는 싸울 힘조차 없어서 풀이 죽은 채 비켜서더니 맞은편 정거장 표식을 보고 채를 내렸다. "어이, 젊은 친구 왜 그래? 딱

손님을 두고 싸움박질하는 인력거꾼

하지만 거기에 앉으려면 3냥 가져와." 그가 또다시 화들짝 놀라서 돌아본다. "싫으면 비켜, 거기는 너희가 앉을 곳이 아니야. 맹꽁이 놈아, 가서 세수라도 하고 정신 차려." 엉뚱한 일을 당해 갈팡질팡하더니 아무래도 안 되겠다 싶은지 재차 빈 인력거를 끌고 거리로 나간다. 그런데 웬걸 멍하니 바라보며 서성이는 그 남자 앞에 홀연히 손님이 나타났다. 구단자카까지 싼값에 갈 수 있느냐고 해서 "여부가 있겠습니까?"라며 인력거 채를 내리고 허둥지둥 태우려던 참에 또다시 뒤에서 건장하고 잘생긴 남자가 덜컹덜컹 인력거를 끌고 오더니 "나리가시지요"라며 끌채를 내린다. "아니, 그런 법이 어디 있어?" "뭔 개소리를 지껄이는 거야, 등신 새끼가. 이 몸이 찜한 손님이야. 맞아 죽기 싫으면 같잖은 소리 씨부렁거리지 말고 꺼져." 흉포한 차부가 폭언을 퍼부으며 난투를 벌이다가 눈 깜짝할 사이에 달아났다. 어안이 벙벙해서 그의 뒷모습을 흘끗 본다. "이봐, 왜 길 한복판에 멀거니 서 있어? 어디서 왔어? 면허증 꺼내봐. 인력거는 언제부터 끈 거야? 뭐, 마누라가 죽었다고? 저런 어쩌다가. 젊은 친구가 안됐군. 이번만은 넘어가줄게." 그는 그저 굽실굽실 머리만 조아렸다.

하도 다른 패거리에게 해코지를 당해서 보기가 민망할 정도다. 그럼 약삭빠른 사람은 어떨까. 독자 여러분은 그들의 영업권에 주목하길 바란다. 한 차부가 달려와서 행인의 등 뒤에서 "나리 가시지요"라고 하자 이를 시기한 다른 차부가 "무슨 개수작이야, 정차장 앞에서." "정차장이 뭐 어떻고 지랄이래. 망령 난 노인네가." "개새끼, 뻔뻔스럽게 나불대는 꼬락서니 좀 보게. 파출소로 따라와." "등신아 파출소도 새벽번이 있냐? 자, 나리, 타십시오." "네놈의 건방진 주둥이 함부로 놀리다가는 내 손에 결딴난다." "뭐 결딴? 이 새끼가." 급기야 주먹질이 오가더니 난투극을 벌인다.

29. 차부의 음식

현재 도쿄 차부 사회의 음식은 지체 높은 사람, 규중처자나 세상 물정 모르는 두메산골 사람들은 듣도 보도 못한 경악할 것들이다. 비록 지네나 큰 뱀은 아닐지라도 그들은 일반 사람 눈에 하나같이 괴상해 보이는 것들만 먹는다. 예를 들면 료고쿠바시의 에비스 모치えびす餅(에비스 축제[11월 17일부터 나흘간] 때 상인들이 수호신인 에비스에게 번영을 축원하며 액막이로 먹는 찹쌀가루와 흑설탕으로 만든 떡), 지에밥強飯(고와이, 찹쌀이나 멥쌀을 시루에 넣고 여러 번 물을 끼얹어 찐 밥). 아사쿠사바시淺草橋와 바쿠로정馬喰町의 국밥, 요로이바시의 지카라 스시ヵ鮨(초밥의 일종), 핫초보리의 말고기 밥, 신바시, 구보정久保町의 이나카소바, 후카가와 메시 등은 그들이 즐겨 찾는 간편한 먹을거리다. 발로 뛰어 먹고사는 이들에게는 밥 먹는 시간조차 사치다. 먼지를 가르며 씽씽 달린 뒤 이마에 맺힌 땀을 닦고는 밥공기를 든 채 허겁지겁

젓가락으로 밀어넣는다. 물론 그 순간에도 행여 손님을 놓칠세라 촉각을 곤두세우고 틈틈이 주변을 살핀다. 자칫 한눈팔다가 좋은 봉을 놓칠까 싶어서 거리에서 시선을 못 떼는 것이다. 그러고는 음식이 미처 식도를 통과하기도 전에 젓가락을 내려놓고 손님을 쫓아 한달음에 달려간다. 방금 밥집 앞에 있었던가 싶더니만 어느새 30정(3.3킬로미터)이나 가서 쉬고 있다. 길거리에서 영업하는 사람은 이렇게 해야만 품삯을 모을 수 있기 때문이다. 맛보기로 그들이 간편하게 즐기는 음식 중 요즘 유행하는 두세 가지를 골라서 적어보겠다.

마루산 소바丸三蕎麦: 빻아서 체에 거른 통밀가루를 다시 한번 빻아서 체에 거른 뒤 속껍질을 도정한 메밀(산반코三番粉, 메밀의 알맹이(이치반코)와 중간층(니반코)을 도정하고 남은 겉껍질)과 섞어서 반죽을 치댄다. 절구처럼 생긴 사발에 수북하게 담아 내는 이 조악한 메밀국수는 가격이 1센 5린. 보통 사람은 한 그릇이면 든든한 한 끼 식사가 된다.

후카가와 메시深川飯: 이것은 개량조개Mactra chinensis의 조갯살에 파를 다져 넣고 뭉근하게 끓여서 주문이 들어오는 대로 사발에 푼 흰쌀밥 위에 뿌려 내는 즉석요리다. 가격은 역시나 한 그릇에 1센 5린. 일반 사람은 바다 비린내가 나서 먹기가 역하지만, 그 바닥에서는 가장 간편한 겨울철 음식이어서 가게에 주문이 밀려든다.

말고기 밥馬肉飯: 매우 투박한 이름이지만, 현재 삼류 음식점에서 가

하층사회의 음식점

장 성황을 누린다. 후카가와 메시와 같은 방법으로 조리하지만, 뼈에
서 발라낸 말고기로 조리했기 때문에 누린내가 코를 찔러 먹을 수 없
기는 매한가지다. 한 그릇에 1센이고, 먹성 좋은 노동자는 좋아하므로
앉은자리에서 서너 그릇을 뚝딱 해치운다.

찜煮込み: 막노동꾼의 보양식이다. 재료는 도축장에서 소의 내장, 간,
방광, 혀를 사다가 잘게 저민 조각들을 산적처럼 꼬치에 끼운 뒤 간장
과 된장을 섞은 국물에 넣고 푹 삶는다. 한 꼬치에 2린이며 좋아하는
사람은 선 채로 20꼬치를 해치우기도 한다. 비린내를 풍기니 가까이
가지 말 것. 일반 사람은 비위 상해서 도저히 입에 넣을 수가 없다. 더

욱이 조리법은 어쩌나 불결한지. 끓는 국물에 피를 섞어서 맛을 내기 때문에 마치 농성하다가 식량이 고갈되자 궁한 병사들이 도륙한 인육을 끓이는 듯 보여서 모골이 송연하다. 그러나 이것을 먹어야 진정한 인력거꾼인 양 다들 사족을 못 쓴다. 하긴 이것을 조리해서 파는 사람 또한 모두 나사 빠진 폐인이다. 본래 빈민굴 늙은이에게는 멀쩡한 조리도구가 없다. 고철상에서 족히 10년은 나뒹군 듯 검붉게 녹슬고 망가진 냄비, 폐품상 처마 밑 잡살뱅이들 틈바구니에서 비 맞고 있던 부서진 신발장을 간신히 수리해서 냄비 받침대로 쓴다. 문득 이 세상에 쓰레기로 버릴 물건은 하나도 없다는 생각이 든다. 이 세상 고물들이 총집합한 넓은 가게에는 멀쩡한 냄비, 솥, 대야가 산더미처럼 쌓여 있어서 처리하느라 애를 먹는다. 더구나 찾는 손님이 뜸하고 한데에 방치된 채 비를 맞으니 해가 갈수록 못쓰게 된다.

꼬치구이: 쩜과 마찬가지로 육체노동자가 즐겨 먹는 보양식품이다. 투계요리집軍鷄屋 주방에서 사온 닭 내장에 양념을 발라서 꼬챙이에 꿰어 구운 요리. 한 꼬치에 3린에서 5린. 구수한 냄새를 잊지 못해 맛보러 몰려온 사람들로 가게 안이 바글바글하다.

이나카 단고田舍団子: 반죽한 밀가루를 쪄서 여기에 서양 꿀이나 콩고물을 묻힌 것. 식감이 퍼석퍼석해서 도저히 삼킬 수가 없다. 까딱 잘못 먹었다가는 비등산沸騰散(탄산수소나트륨과 주석산을 물에 녹인 것. 일종의 청량음료로 이산화탄소 거품이 생긴다. 완하제, 청량제로 먹는다) 너덧 잔

을 기울여도 속이 더부룩하다. 그러나 위가 튼튼한 노동자는 푼돈이
지만 짚신값이라도 아끼려고 점심 대신 먹는다.

30. 삼류 음식점 최고의 고객

삼류 음식점, 특히 밥집, 대폿집은 아사쿠사, 간다, 시바 공원 근처에 가장 많으며 모두 막노동꾼들 덕분에 먹고산다. 그중 제일 번창한 곳은 인력거꾼, 소상인, 바삐 오가는 각양각색의 영세민과 막노동꾼들이 도처에서 몰려드는 료고쿠 근방이다. 새벽부터 바쁘게 차림표 음식을 조리하고, 밤 10시, 11시가 넘어서까지 쉴 새 없이 갈마들며 볶아치는 통에 가게 앞은 언제나 아수라장이다. 지에밥, 우동, 가라미 모치(간장을 넣은 무즙으로 버무린 떡), 소고기찜, 간판에 붉은색으로 쓴 말고기 밥 외에도 후카가와 메시, 마루산九三의 이나카 소바, 튀김메밀국수(덴푸라소바) 등 메뉴는 셀 수 없을 정도다. 특히 일품요리를 파는 집은 간다 미카와정 근처에 제일 많아서 사방 3정(329미터) 안에 15~16채나 된다. 시타야 다케정의 신도시, 메가네바시와 이즈미바시 근방, 핫초보리 오카자기정岡崎町(오늘날의 핫초보리와 니혼바시 가야바정

日本橋茅場町), 맞은편의 료고쿠, 혼조 후타쓰메도리二ッ目通り 등 차부와 막노동꾼이 몰리는 인근에는 모두 이런 가게가 즐비하며, 나와노렌繩暖簾(새끼를 엮어서 만든 포렴)과 헌등에 '저렴한 가격'이라고 써서 손님을 끈다.

음식점 최고 고객은 단연 차부와 공사판 막노동꾼이다. 독신인 그들은 모두 발바닥이 닳도록 뛰어다니며 번 돈을 허구한 날 길거리에 죄다 뿌리고 다닌다. 1년을 하루같이 설날 새벽부터 밤을 새우는 섣달 그믐날까지 축제일, 장례일을 막론하고 자주 가는 밥집에서 먹고 마신다. 그토록 오랜 기간 단골로 다닌 음식점이라면 막노동꾼과 친분이 생겨서 다소 편의를 봐줄 법도 하건만 웬걸, 일면식도 없는 사람처럼 어찌나 데면데면하게 구는지 과연 대도시의 밥장사답다. 그런데 인력거꾼들이 음식점에서 어떤 식으로 돈을 탕진하는가를 살펴보면, 물론 일해서 버는 금액이야 빤하지만, 절반 이상은 옷 욕심이 없다. 교양을 쌓고 싶은 마음은 더더군다나 없다. 관심사라고는 오로지 저급한 음식으로 몸보신하고 향락을 즐기는 것뿐이다. 넘치는 식탐을 지녔으니 버는 족족 먹고 마실 수밖에. 덕분에 목적지 방면에 있는 밥집과 대폿집에서 챙기는 푼돈(탕진한 돈)은 어마어마하다. 눈치 백 단인 그곳 하녀와 동복童僕은 척 본 순간 단박에 그들의 주머니 사정을 알아맞힌다. 한 인력거꾼이 이른 아침에 선술집으로 들어온다. 동복이, 필시 동틀 무렵에 료고쿠에서 손님을 태우고 신바시까지 갔다가 돌아오는 길에 교바시에서 여기까지 오는 요금으로 5센은 받았을 테니 주머니에 적어도 12센은 들어 있을 거라고 추측한다. 시험 삼아 오늘 아침에는 과연 얼마나 흥청망청 쓰는지 보기로 했다. 차부는 과연 한눈에도 티가 난다. 그치는 이미 동틀 무렵에 한바탕 땀을 흘리고 난 터라 수건을 짜면서 한 손에 이불과 담배주머니를 들고 간장통에 걸터앉았다. 옆을 보니 공사판 막노동꾼 두셋이 이미 식사를 끝내고 일어서려는 참이다. 맞은편에는 네모난 옷(막노동꾼과 달리 소매 있는 의복)을 입은 곡예사 우두머리로 보이는 남자가 거나하게 취한 낯짝으로 앉아 있다. 어딘가에서 돌아오는 길에 들렀는지 아침상에 벌써 간도쿠리燗德利(술을 데울 때 쓰는 아가리가 잘록한 술병)가 5병이나 올라 있다. 그 옆에는 덩치 큰 짐수레꾼이 마누라인 듯싶은 여자와 대여섯 살짜리 어린애를 데리고 와서 연신 게걸스럽게 먹어댄다. 그리고 간장통이 수두룩하게 쌓인 어두침침한 한쪽 그늘에는 늙은이가 너덜너덜한 붉은 담요를 걸치고 개처럼 웅크린 채 야금야금 먹고 있다. 다들 얼굴이 누렇게 떠서 건강 상태가 매우 심각해 보였고, 몸도 제대로 가누지 못해 비틀거렸다. 아마도 밤에 일하는 인력거꾼(요나시)인 듯싶다(앞서 말했다시피 대낮에는 허름한 초막에 틀어박혀서 햇빛과 담쌓고 지내고 야간에 밤이슬을 맞으며 일해서 진이 빠진 것이다).

새로 들어온 차부가 맑은장국과 니시메煮しめ(연근, 우엉, 구약, 당근 등 수분이 적은 재료에 설탕, 간장으로 진하게 간을 하여 수분이 없어질 때까

지 조린 음식. 도시락이나 연회에 주로 씀)를 주문해 밥을 먹는다. 동복은 주머니가 두둑한 손님임을 눈치채고 짐짓 한 접시에 2센인 생선조림과 한 접시에 3센인 생선회를 권한다. 그러나 그는 대꾸도 없이 잠자코 있다. 곧이어 다른 차부가 들어온다. 동복은 메마른 목소리로 채소 요리와 육류나 어패류로 만든 요리를 읊어댄다. 차부는 생선회를 시키고 식탁에 둘러앉는다. 이어서 또 한 사람이 들어오자 복어전골을 주문하고 가부좌를 한다. 복어전골과 생선회가 나오기 전에 드디어 그 차부가 말문을 열고 주문한다. 그러면 그렇지. 만부득이 그들은 호사스러운 음식에 둘러싸여 과분한 아침을 먹고는 밥 여섯 공기에 국 한 그릇, 반찬 세 가지까지 해서 5센 8린을 계산해야 하는 처지에 몰렸다. 아침부터 이 모양이니 점심은 오죽할까. 저녁에는 밥값으로 얼마나 치르려나. 속단은 금물이다. 아침 식사를 한 이후로 변변한 일거리가 없어서 정오포午炮(포를 쏘아 정오를 알리는 신호)가 울린 후까지 내내 공치다가 해질녘이 되어서야 10정(1.1킬로미터)을 달려서 달랑 2센을 벌었다. 불쌍하게도 그들이 먹은 점심은 말고기 밥 두 공기, 저녁은 기리모치 한 조각이다.

31. 음식점의 하녀

1엔 반의 급료와 백중과 세밑에 도잔唐桟(감색 바탕에 빨간 줄무늬나 엷은 노란 줄무늬를 세로로 넣은 면직물의 일종. 에도 초기 네덜란드 사람에 의해 수입됨)으로 만든 옷을 받는 사람이나 주방일을 하는 그들이나 피차 고용살이하는 처지이긴 매일반이다. 그러나 노동 강도에서는 주방일이 두세 배는 더 고되다. 모두 도시 사람들로 나이는 열대여섯에서 스물 전후. 그중 주방에서 일하는 사람은 체격이 우람하고 수완은 남자 뺨친다. 한 달에 한 번 주는 휴일 외에는 갖가지 체취가 뒤섞여 피어오르는 수증기 속에서 온종일 손님이 물린 상을 설거지해야 하므로 엔간히 드센 아낙이 아니면 도저히 그 모진 고생을 못 견딘다. 특히 혹한의 겨울철에 겪는 애로는 이만저만이 아니다. 서리가 내려 땅속 깊이 얼어붙은 아침이면 온기 없는 잠자리에서 잔 탓에 곱은 손가락이 녹지 않고, 끊임없이 혹사한 팔다리는 살갗이 트고

동상에 걸려 퉁퉁 부어서 급기야 설거지하라는 지시를 깜빡한다. 가뜩이나 불결한 탁자가 똥물을 엎지른 것 같다. 폐가, 더러운 가게는 원래 그들의 생활 터전이고 광부와 고용인은 반려자다. 주방에서 일할 하녀는 중개인의 소개로 건강하고 신원이 확실한 사람을 들이지만, 간혹 거의 폐인 같은 몰골을 한 허약한 사람도 있다. 상당수가 사생아거나 버려진 아이로 고아원, 양육원(보육원)에 들어갈 신세였으나 행인이 데려다 키우는 바람에 용케 성장한 불운하고 박복한 팔자의 기념물이다. 특히 유심히 볼 것은 그들의 처지를 방증하는 잠자리다. 인간에게 잠자리 위생은 기본임을 명심해야 한다. 그런데 문제는 애초에 그들을 위한 잠자리가 없다는 것. 평소에는 기껏해야 3.3~4.8제곱미터가량의 만취한 손님 집 사랑방에서 선반 밑을 치우고 겨우 잠을 청한다. 역마驛馬(관용으로 각 역참에 준비해둔 말)의 뱃대끈처럼 꼬질꼬질한 침구를, 역시나 농사에 부리는 역우耕牛의 안장만큼이나 더러운 돗자리를 깐 다다미에 펴고 두세 명이 서로 끌어당기면서 칼잠을 잔다. 갑녀는 을녀의 엉덩이에 머리를 대고, 병녀는 갑녀의 옆구리에 얼굴을 묻고 강아지처럼, 또는 누에처럼 팔다리를 오므린 채 자므로 몸이 결려서 운신하기도 힘들다. 설상가상으로 온종일 쌓이는 피로와 불규칙한 식생활, 습한 저지대에서의 답답한 일상이 신체 발육을 저해해서 뒤룩뒤룩 살이 찌거나 갈비씨거나, 아니면 땅딸막하거나 정강이는 길고 목덜미는 짧아서 흡사 풍자화를 보는 듯하다. 또한 동안이어도 나이는 서른이 넘었고, 학립운위鶴立云爲[59]라는 말처럼 형클어진 머리에 창백한 얼굴로 누더기를 걸친 채 발을 씻으며 그저 기계적으로 말하고 행동한다. 또 어떤 이는 온화하면서도 사연 있는 것 같은 아름다운 얼굴과 우아한 자태, 어질고 공손한 말씨로 보아 아무래도 가난한 집 출신이 아닌 듯하다. 다양한 사람이 뒤섞여 있어서 슈겐도修驗道의 승려는 점점 조물주의 나태함을 의심한다.

신체 발육에 관한 예가 있다. 예전에 아사쿠사 근처에 살던 한 차부가 아침과 저녁을 인근 가게에서 해결했는데 요행히 어느 지체 높고 명망 있는 사람에게 고용되어 하루아침에 팔자를 고쳤다. 몇 년간 외국 공관에서 일하다가 귀국하여 꿈에 그리던 고국의 하늘을 본 그가 얼마 후 우연히 그 음식점에 들렀다. 전에 그 식당에서 하녀로 일하던 열너덧 살쯤 먹은 처녀가 분명하건만 얼굴은 그대로였다. 우라시마 다로浦島太郎는 자신의 주름진 얼굴에 놀라서 용궁의 선녀에게 받은 상자인 다마테바코玉手箱를 던졌다는데, 세월이 비켜간 듯 여전히 앳된 얼굴이 신기해서 눈을 의심한다. 나중에 옛 친구에게 묻자 십수 년 넘게 봐온 얼굴인데 뭘 새삼스럽게 그러냐고 한다. 그렇다면 마흔이 벌써 내일모레다. 젊은 시절의 반이 지났어도 동안을 유지하니 기이한 여자라는 뜬소문이 돌지만, 이러한 예는 하층사회 밖에서도 얼마든지 볼 수 있다.

59 학립鶴立은 학처럼 까치 발로 서서 이제나저제나 애타게 기다리는 것, 우뚝 서 있는 것을 뜻하고, 운위云爲는 말과 행동을 뜻한다. 즉, 학처럼 서서 말하고 행동하는 것을 뜻한다.

32. 막노동꾼의 고과 기록

은행과 회사 영업에 인사고과 평가서가 중요하듯이 날품팔이 차부의 영업에도 고과 기록은 필수다. 그래서 부기를 담당하는 유급 직원이 영업 성적을 세밀하게 조사해서 보고하는데 물론 이 사회는 예외다. 그러나 개나 소나 영업하는 마당에 행여 뒤탈이라도 생겼다가는 누가 책임을 지겠는가. 그래서 기자가 일일 부기 담당자가 되어 조사했다. 장담컨대 독자 여러분에게도 유익할 것이다. 미합중국의 조사위원은 이러한 이유로 매달 200쪽 분량의 책을 편찬한다.

1등 차부—나이 18세 이상 35~36세까지의 혈기왕성한 청년, 장년의 독신자, 건장한 사람, 흔히 강철 체구라고 하는 한 친구를 조사한 것이다.

1. 8센   우에노에서 니혼바시까지 22정(2.4킬로미터)의 품삯,

승객 시골 신사

1. 12센   에도바시에서 요쓰야까지 30정(3.3킬로미터)의 품삯,
            승객 고등 상인高等商人

1. 20센   구단자카에서 가메이도亀井戸로 상·하행 60정(6.6킬
            로미터)의 품삯, 승객 귀부인

1. 5센   구단자카에서 교바시까지 20정(2.2킬로미터)의 품삯,
            승객 청년 사무원

1. 20센   긴자銀座에서 북곽(홋쿄쿠北極라고도 함)까지 45정(5킬
            로미터), 승객 회사원(단, 심야)

합계 65센 총거리 177정(약 20킬로미터)

단, 한 달에 한두 번 주머니 사정이 넉넉한 날의 품삯을 조사한 것
이므로 평상시는 이 금액의 절반 이하임을 알아두도록.

2등 차부—나이 30세 이상 40~50세까지의 막노동꾼으로서 상당
수가 처자식을 두고 있음. 노쇠하다고 할 정도는 아니지만, 다릿심 좋
은 장정처럼 질주하기는 다소 무리인 사람을 조사했다.

1. 5센   료고쿠에서 에이타이永代까지 20정(약 2킬로미터)의 품
            삯, 승객 상인

1. 3센	후카가와에서 하마정까지 10정(약 1킬로미터)의 품삯, 승객 부녀자
1. 8센	요로이바시에서 도라노몬虎の門까지 28정(약 3킬로미터)의 품삯, 승객 회사원
1. 4센	시바쿠보정芝久保町에서 아카바네赤羽根까지 15정(약 1.6킬로미터)의 품삯, 승객 아가씨
1. 10센	신바시에서 혼고까지 33정(3.7킬로미터)의 품삯, 승객 관리

합계 30센 총거리 106정(약 12킬로미터)

단, 장마다 망둥이 날 리 없다고 역시나 사흘에 한 번 두둑하게 품삯 받는 날을 조사한 것이다.

허약한 사람—환갑 전후의 노인老衰者 또는 육체노동을 감당할 수 없는, 거지반 환자인 허약한 사람 중에서 조사했다.

1. 3센	메가네바시에서 아사쿠사까지 10정(1.1킬로미터)의 노임, 승객 장색
1. 2센	우에노에서 간논까지 8정(879.2미터)의 노임, 승객 노파
1. 4센	간논에서 혼조까지 20정(2.2킬로미터)의 노임, 승객

농민

1. 2센 5린   료고쿠에서 간논까지 14정(1.6킬로미터)의 노임, 승객 노인네

1. 3센   이즈미바시에서 스이텐구까지 13정(1.5킬로미터)의 노임, 승객 부녀자

1. 2센   간다에서 료고쿠까지 6정(659.4미터)의 노임, 승객 상인

합계 16센 5린 총거리 71정(7.9킬로미터)

늙고 병든 사람의 영업은 대개가 이렇다. 그들에게는 장정들처럼 좋은 손님은 차례가 돌아오질 않으며, 설사 오더라도 후한 보수는 꿈도 못 꾼다. 젊은 인력거꾼이 퇴짜 놓은 손님이 용케 얻어걸린다면 모를까. 노임에 1센 혹은 5린을 더 얹어주는 인심 좋은 승객에게는 이마가 땅에 닿도록 굽실굽실 절을 하며 고마워한다. 그 모습이 측은하기만 하다. 그래서 내친김에 그런 사람들이 몇이나 되는지 정확한 숫자를 재차 조사하기로 했다(표는 1000명에 대한 비율이다).

건장한 사람	200
일반	500
허약한 사람 및 늙고 병든 사람	300

단, 경찰서 장부에는 50세 이상의 영업자 비율이 매우 낮았으나 현장을 조사해보니 노인의 수가 의외로 많았고, 나이가 젊고 또한 병색이 완연하거나 허약한 사람은 드물었다.

33. 일용직 노무자 수

아사쿠사에서 아베카와정, 마쓰바정松葉町에서 서쪽 일대의 변두리, 시타야 고토쿠사廣德寺 뒷골목, 간다에서 미카와정, 혼조 소토데정外手町 동쪽의 외진 곳, 시바 하마마쓰정芝浜松町, 후카가와에서 도미오카 하치만富岡八幡 근방은 이른바 관할지역 노동자들의 소굴이다. 그 밖에 각 구 변두리에 흩어져서 거주하는 사람 수도 꽤 많다. 유사시에 구마다 500~600명은 얼마든지 동원할 수 있다고 한다. 다들 우두머리에 딸려 있는 이들이라 그의 허락 없이는 멋대로 취업할 수 없다. 우두머리는 이 사회의 소대장으로서 도편수라고도 하고 십장이라고도 한다. 제법 권위가 있어서 부하 40~50명을 거느리고 상당한 영향력을 행사하는 유지다. 보통은 십장 위에 도급업자, 도급업자 위에 회사의 서열이 존재한다. 그러나 회사가 직접 도편수에게 위탁하거나, 아니면 회사와 도급업자를 건너뛰고 십장에게 직

통으로 도급이 들어오는 때도 왕왕 있다. 주요 업무는 부청府庁 토목과에서 계획한 도로 보수, 교량 교체, 수도 공사, 강바닥 준설, 체신성(체신부의 옛 이름) 사업에 속하는 전화기 가설, 여러 관공서와 회사의 토목사업, 저잣거리의 토목공사다. 많은 사람이 나이가이內外 용달회사,[60] 또는 도고구미東郷組, 기타 니혼바시 마키정日本橋槇町, 자이모쿠초材木町 근처에 있는 용달회사의 손을 거쳐 도급업자가 제공하는 일을 한다. 하지만 미쓰비시, 미쓰이물산三井物産, 야스다安田, 히라누마平沼[61] 등 일류 회사의 도급업자에 소속되어 일하는 사람도 더러 있다. 특히 가마쿠라鎌倉 강변의 장의사, 고이시카와의 베드로 회사에 소속된 자는 통상 100명 내외지만, 장의사처럼 임시로 한 번에 1000명, 1500명씩 부역할 인부를 요청할 때는 도급업자 두셋과 십장이 직접 모집하기도 한다. 즉, 모 대신의 제사, 모 회사 사장이나 모 유곽 주인의 장례식이 거행되는 날이면 관할 지역 막노동꾼의 절반 이상이 하쿠초白帳(시라하리)를 입고 닛포리日暮里, 야나카, 아오야마, 도시마가오카豊島岡로 가서 상여꾼이나 꽃 심부름꾼花(華)持ち으로 부역한다. 그랜트 장군[62]의 친선 방문과 헌법 선포와 이와사키 야타로巖崎彌太郎[63] 씨의 장례식 때는 십년전쟁[64] 이래 처음으로 인부들이 바닥났다. 주머니에 뜻밖의 수입이 굴러들어오는 이런 날은 인부들에게는 임금 정산일이나 진배없다. 그러니 그랜트와 이와사키 씨를 그리워하고, 헌법선포일이 다시 오기를 기도하는 것도 무리는 아

60　1887년(메이지 20) 3월 17일 오쿠라 기하치로大倉喜八郎가 오쿠라구미 상회大倉組商会(자본금 200만 엔)와 함께 설립한 회사(자본금 20만 엔)를 말함. 나이가이 용달회사는 관청-육군과 해군의 군수품 수주 조달을 주요 업무로 했다. 1893년(메이지 26) 11월 29일, 오쿠라구미 상회와 나이가이 용달회사가 합병하여 새로운 이름의 합명회사合名会社(무한책임을 지는 사원만으로 구성되는 회사 형태)인 오쿠라구미大倉組를 창설하였다.

61　히라누마 센조平沼専蔵(1836~1913)를 말함. 기업

토석을 운반하는 막노동꾼을 지휘하는 십장

니다. 이로써 그 많은 사람이 편하게 일하는 날이란 어떤 날인지 대강 알았을 것이다.

인. 사이타마현 한노埼玉県 飯能 출신. 24세 때 도쿄 니혼바시구 혼자이모쿠정日本橋區日本橋區本材木町의 와타나베 지에몬渡辺治右衛門 (1872~1930, 은행가) 집에

취사부로 들어감. 1867년(게이오慶応 3)의 쌀값 폭등, 요코하마横浜村의 땅 투기, 면화 시세의 앙등으로 거대한 부를 축적했다. 1877년(메이지 10) 후 초대 요코하마 주

식미곡거래소장横浜株式米穀取引所頭取, 요코하마 수도국장, 귀족원·중의원 양원의 의원이 된다. 요코하마 미곡米穀 거래소·전선電線 제조소 기타 여러 회사와 은행

34. 유부남과 독신

날품팔이 막노동꾼 중에 처자식이 있는 사람은 뒷골목 초라한 셋집에 틀어박혀 애옥살이한다. 끼니 걱정을 달고 사는 옹색한 살림이지만, 건실한 가장으로서 집안을 건사하고 세 식구를 부양한다. 하루 생활비는 20센. 백미로는 2되 5홉, 장작으로는 큰 다발로 5단에 해당되는 액수다. 알뜰한 부인은 셔츠襯衣, 버선바닥, 또는 손수건을 감침질해서 번 돈으로 하루에 4센인 집세에 보탠다. 아니면 친구 한두 명과 함께 살며 장작값이나 목탄유松炭油 등의 잡비를 벌충한다. 하지만 이는 극히 일부 현모양처의 모습이니 멋대로 넘겨짚지 마라. 태반이 나태한 그들의 아내들은 수공을 들이는 이런 소일거리를 하려 들지 않는다. 함께 살던 어떤 사람은 밀린 집세를 떼어먹고 도망치기 일쑤였는데, 결국은 밀린 집세를 갚고 셋집에서 쫓겨나는 것으로 마무리되었다. 이에 반해 독신들은 홀가분하다. 대부분 십장이 숙소를

에 관여했다.

62 미국 남북전쟁 당시 북군의 장군이자, 제18대 미합중국 대통령. 메이지 12년(1879) 6월, 세계일주 여행을 마치고 귀국길에 일본을

방문했다. 메이지 4년(1871) 이와쿠라 도모미巖倉具視(1825~1883) 대사 일행이 미국을 방문했을 때 대통령이었으므로 일본에 체류하는 두 달간 거국적으로 열렬

히 환영했다. 도쿄 주민의 환영회가 두 번이나 열렸고 그가 가는 곳이면 어디든 엄청난 인파가 몰렸다. 료고쿠(도쿄 스미다 강가의 지명)에서 첫여름 맞이 불꽃놀이(가와

빌려주는, 즉 붙박이 일꾼이다. 2층 천장을 치지 않은 대여섯 평(다다미 10~12장)짜리 큰방에서 5명이나 7~8명이 함께 기거한다. 침구료(겨울철이어도 이쓰노 후톤五布布団, 오겹이불)[65] 한 장, 여름에는 밑자리 값으로 1센, 지붕값(야네다이屋根代, 허름한 여인숙의 숙박료를 일컫는 은어. 비와 이슬 피할 지붕만 빌려준다는 뜻)으로 1센을 낸다. 모두 스물에서 서른 살 전후의 장정들로 간다 미카와정, 시바하마마쓰정芝浜松町 근처에 많다. 동틀 무렵, 새벽을 알리는 까마귀 울음소리가 들리고 사람들 떠드는 소리가 점차 잦아든다. 난데없이 마차와 짐수레가 끼음을 내며 지나가면, 밤새 소중하게 끌어안고 잔 잠자리마저 무참히 빼앗기고 꾸다 만 황홀한 꿈을 못내 그리워한다. 겨우 정신 차리고 지친 팔을 어루만지며 베갯머리를 보니 죽순 껍질(갓·짚신 따위를 만들거나 음식을 싸는 데 쏨)이 남아 있다. 간밤에 먹자판을 벌인 흔적이다. 대야盤台는 메밀국수 집에서 돈 받으러 오면 금세 줘야 하건만 갑은 어젯밤 고샤쿠講釈에 가서 돌아오질 않고, 을은 곤드레만드레 취해서 파출소 신세를 지고 있다. 결국 5명이 부담할 액수를 3명이 가진 돈으로 변상했다. 공사판 막노동꾼 숙소에서는 일상다반사로 벌어지는 불미스러운 일로서, 아베카와정 뒷골목에 지은 나가야, 시타야타케정竹町 부근에서 우두머리에 딸린 철도 화물차 운반에 종사하는 사람은 다 똑같다. 매일 지붕값과 침구료로 각각 1센씩, 짚신값과 목욕료湯銭와 담뱃값, 그리고 기타 핫피와 잠방이 장만할 돈을 예사로 쓴다. 번 돈

비라키川開き)가 열렸을 때는 사망자가 나왔을 정도다. 또한 신토미자新富座(가부키 극장. 현재 주오쿠中央區 신토미新富에 소재)에서는 「그랜트 장군 일대기」가 상연되었다.

63 1834~1885, 미쓰비시三菱 재벌의 창설자. 도사土佐(고치현高知県)에서 출생. 막부 말부터 메이지 시대에 걸쳐서 도사 한土佐藩에 이어 유신 정부의 어용상인으로 활약해 '해상왕'으로 불렸다. 메이지 7년(1874), '대만 출병(세다이의 에키征台の役, 근대 일본의 최초 해외 파병. 당시 류큐琉球[지금의

에서 음식에 쓰는 액수는 몇 푼 안 된다. 그러나 이따금 음식점에서 분에 넘치는 사치를 하고 상당한 액수를 유흥비로 탕진한다.

몇 해 전, 관할 지역에 싸구려 여인숙이 없어지기 전에는 유부남, 독신을 불문하고 이곳 노무자 절반 이상은 여러 세대가 한집에서 살았다. 각자가 가진 살림살이로 16.5제곱미터에서 23제곱미터, 9제곱미터의 방 하나에 세 가족 혹은 다섯 가족이 섞여 살면서 부뚜막 하나를 5~7명이 함께 사용했다. 갑 가족은 북쪽 구석, 을 가족은 서쪽 구석, 병은 좌측, 정은 우측으로 제각기 객실의 한쪽 구석에 진을 치고 식사하고, 간신히 칸막이나 허리 높이의 병풍으로 서로의 주방을 가린다. 이윽고 밤이 되면 각자 처소를 치운 뒤 새로 온 손님에게 잠자리를 양보하고 드르렁드르렁 코 고는 사람 옆에서 밥 먹고 국을 마신다. 어떤 때는 어린애가 시끄럽게 오줌 누는 소리가 들리거나 밤새도록 벼룩과 이가 들이덤벼서 잠을 설치기도 한다. 눈에 보이는 것은 모조리 남루한 사회, 이제 어디로 도망쳐야 하는가. 아사쿠사의 마쓰바정, 요쓰야의 사메가하시, 시바의 신아미芝新網 등의 뒷골목 초라한 셋집이라면 이들을 환영할까.

오키나와현] 미야코섬의 공무원 69명이 탄 배가 악천후로 대만의 마을에 표류했다가 54명이 살해당한 사건. 청이 배상금으로 50만 냥을 지급하고 일본의 출병을 '백성을 보호하는 의거'였다고 인정하는 조건으로 마무리. 청일전쟁의 불씨)'로 해상수송을 독점했다. 메이지 8년, 내무성은 미쓰비시 우편증기선郵便汽船 회사에 민간 해운육성을 명목으로 관할기선 13척을 불하하고, 15년간 매년 25만 엔을 지급하기로 한다. 이 약속을 시초로 정부는 미쓰비시를 줄곧 보호했으며, 거꾸로 메이지 10년 세

35. 야시장

왜 대도시에 야시장이 번창했느냐는 당돌한 질문을 받으면 제아무리 총명한 두뇌의 소유자라 해도 한마디로 명쾌하게 답할 수가 없다. 내 개인적인 소견으로는, 이 하층사회는 밤이 되어야 비로소 구매가 활기를 띠기 때문인 듯하다. 그러나 이 역시 막연한 추측일 뿐이다. 물론 하층사회에서는 해질녘에 귀가한 남편이 돈푼이라도 내놓아야 그길로 아내가 일용품을 사러 가므로 보통은 낮 3할, 밤 7할의 비율로 구매가 이루어진다. 그러나 이런 단순한 이치도 이 넓은 야시장에서는 전혀 통하지 않는다. 한 상인이 말하길 대도시에 야시장이 번창하는 이유는 상인이 시간을 다투기 때문이란다. 대도시에서는 실물보다는 오히려 시간이 더 귀중한 상품 가치를 지닌다. 아침에 1센 5린에 팔던 신문지 한 장이 저녁에는 8린, 5린, 밤에는 3장에 1센으로 똥값이 된다. 어디까지나 일간신문의 시세지만, 일반 상품이

이난 전쟁西南の役으로 정부는 미쓰비시에 고개를 숙이고 무조건 군사 수송을 맡길 수밖에 없었다. 메이지 18년 2월 7일 사망. 장례식은 13일 오후 1시, 전통 장례식

으로 시타야 가야정下谷 茅町의 자택에서 발인, 소메이染井 묘지로 운구했다. 『신문집성 메이지편년사新聞集成明治編年史』에 수록된 『도쿄일일신문東京日日新聞』(메

이지 18년 2월 14일 자)에서는 그의 성대한 장례식에 관해 다음과 같이 전했다. "조문객은 고치高知 출신의 문·무관, 각 은행·회사, 다른 기선회사, 미쓰비시 대리점 각

나 도쿄 내에서 판매하는 모든 물품의 운명은 이러하다. 청과물시장의 채소 시세는 대개 오전 8시에 결정되며, 10시에 2할이 떨어지고, 11시 반이면 종류에 따라서는 거의 반값으로 떨어지기도 한다. 어시장도 마찬가지여서 저녁에 열리는 경매시장의 상품은 아침에는 제값을 못 받는다. 따라서 오전 10시를 지나자마자 손해를 보더라도 앞서 말한 미야모노시宮物師에게 헐값에 팔아넘긴다. 유일하게 헌 옷 시장만은 아침과 저녁의 시세 변동이 그리 크진 않으나 제철 옷과 철 지난 옷은 현금의 3할가량 밑지고 거래한다. 그러나 그마저 길어야 열흘이므로 헌 옷 상인이 시간을 파는 일은 녹록지 않다. 넝마를 매입하는 도가가 넝마장수에게 박쥐우산을 살 때, 겨울인 12월부터 1월까지는 하나당 시세가 불과 8~9린이지만 2월 말에서 3~4월까지는 개당 3센 이상으로 뛴다. 말인즉슨 이 시기에는 부르는 게 값이다. 새로운 모양의 인형, 유리구슬 같은 장난감 역시 예외는 아니다. 잿날緣日(신불을 공양하고 재를 올리는 날) 첫날에 선보이는 물건은 둘째, 셋째 날의 절반 혹은 4분의 1로 값이 하락하는 운명이다. 금붕어, 정원수 종류는 모두 그러하다. 장난감 판매상들도 사정은 비슷하다. 시간을 다투는 것은 결국 가치를 다투는 것이므로 가치를 다투는 곳은 번창하기 마련이다. 이것이 시장의 자연스러운 원리다. 야시장이 번창하는 까닭은 상인이 때를 다투기 때문이라는 말은 참으로 명언이다. 기억해두었다가 훗날 참고토록 해야겠다.

항港의 객주, 드나드는 상인과 장색 등으로 전체를 합치면 그 수가 무려 3만을 넘는다. 또한 조문객들에게는 귀천을 불문하고 서양 요리, 일본 요리를 입식立食(뷔페)으로 대접했다. 이 요리와 과자는 6만 명분의 어마어마한 양이지만, 그중 8할은 오후 4시 반경에 사라졌다. 또한 장례식 당일에 고용한 인원은 7만 명이 넘는다."

64 십년전쟁: 메이지 10년(1877)에 에도 막부를 타도하고 왕정복고를 선언해 1867년 메이지유신을 성공시키며 유신삼걸로 등극한 사이고 다카모리西鄉隆盛

야시장의 정원수 판매점

　도쿄에 점포를 소유한 상고商賈(장사꾼)가 1만 명이면 점포 없는 상고도 1만 명이다. 야시장 상인은 많을 수밖에 없다. 도쿄에 있는 수만 채의 큰 상점에서는 하루가 멀다 하고 곳간 구석을 정리해 해묵은 파치 상품과 재고품을 처분한다. 그러니 야시장 상품은 풍족하지 않을 수 없다. 도쿄가 밤이면 불야성을 이루는 것은 우연이 아니다.

　도쿄에서 밤에 제일 성황을 이루는 곳은 도구시장道具市으로 유명한 신도시, 니혼바시 닌교정日本橋人形町이다. 여기에 맞춰 가게를 차린 사람들을 살펴보면 다음과 같다. 가까이는 하마정浜町, 오사카

(1827~1877, 정치가)가 신정부에 저항하는 무사들을 규합해서 일으킨 세이난 전쟁을 말함(전쟁에서 패한 사이고는 자결). 데이추노란丁丑の乱(1877년이 정축년), 십년 전쟁(메이지 10년에 발발했다고 이렇게 불림), 사학교 전쟁私學校戦争이라고도 함. 군역과 수송 등으로 인부 수요가 많았다.

65　5폭 이불. 앞뒤 모두 5폭 천으로 지은 이불.

마치大阪町, 핫초보리 일대의 낡은 가재도구(고물)를 파는 상인, 멀리 20~30정이나 떨어진 후카가와深川나 간다에서 실어오는 사람이 적지 않다. 그 밖에 긴자 거리, 간다 스다정神田須田町, 아사쿠사 히로코지廣小路, 아자부 주반麻布十番, 핫초보리, 오카자키정岡崎町, 후카가와의 모리시타정森下町, 소토 간다外神田, 혼고, 요쓰야四ッ谷, 고지마치麹町 등 모두 밤이 되면 거리는 불야성을 이룬다. 가키니蠣二(가키가라정 니초메蠣殻町 二丁目)의 스이텐구宮(항해 안전, 임신과 순산을 기원하는 신사)에서 성대하게 열리는 잿날 행사에 모이는 어마어마한 인파만 봐도 도쿄에서 단연 으뜸이다. 서쪽의 요로이바시鎧橋에서 쌀시장을 가로질러 북쪽의 오사카정에 이르는 거리 일대는 모두 노점으로 가득하다. 언제나처럼 오늘도 기름이 찰랑찰랑한 호롱불이 밤거리를 밝힌다. 그 밖에도 다양한 신사나 사찰에서 잿날마다 행사를 거행한다. 가령 도라노몬 곤피라虎の門金比羅(항해의 안전을 지키는 신으로, 여기서는 금비라金比羅를 모시는 전국 곤피라 신사金刀比羅神社의 총본사인 고토히라구金刀比羅宮의 속칭), 뎃포즈이나리鉄砲洲稲荷(헤이안 시대에 창건한 신사로 교바시 지역의 수호신, 오이나리사마라고 부르는 농경의 신을 모신 신사. 이나리 신의 사자가 여우라는 민간 신앙에 따라 여우상이 놓여 있다), 후카가와 후도도深川不動堂(에도 시대부터 서민들의 정신적 지주 역할을 해온 부동명왕不動明王 신앙의 본거지인 나리타산成田山의 본존을 1703년 옮겨오면서 창건한 신쇼사新勝寺의 별원), 덴즈원伝通院(도쿄 분쿄구 고이시카와에 있는 불교 정토종의 사찰. 도쿠가와 가문의 위패와 이에야스의 생모, 오다이 노카타를 모신 절. 33개소의 관음성지 중 12번째 성지), 고지마치 반초番町에 있는 니시치 후도도二七不動堂(지요다구千代田區 구단九段에 있던 부동명왕을 모시는 작은 사당. 2005년 4월에 소실됨. 한 승려가 27일간 단식 공양을 한 것에서 붙여진 이름. 이후 2와 7이 붙는 잿날에 불을 건너는 행사를 선보여 크게 인기를 끌었다), 오가와마치小川町의 고토이나리五十稻荷 신사(도쿠가와 가문이 순산의 수호신으로 숭배. 아시카가足利에서는 5와 10이 붙는 날 직물시장이 열렸기 때문에 매달 5와 10이 붙는 날 시장의 번영을 기원하는 제사를 거행. 간토대지진 때 전소), 구소쿠마치具足町 가쿠린사覺林寺에서 매년 거행하는 세이쇼코 다이사이淸正公大祭(가토 기요마사加藤淸正를 모신 사찰 축제에서는 꽃창포가 든 오카치마모리ぉ勝守り와 출세를 기원하는 종이나 천으로 만든 잉어를 준다. 기요마사의 강한 운을 입고 고난을 극복하고 행운이 깃들라는, 모든 승부에서 이기겠다는 의미를 지녔다고 함), 비사문천상毘沙門天像(사천왕의 하나＝다문천. 시바의 쇼덴사正伝寺·아사쿠사의 쇼호사正法寺와 함께 에도의 3대 비샤몬으로 불림)을 모신 가구라자카神楽坂 젠고쿠사善國寺(니치렌종日蓮宗 사원. 1595년 창건) 등이 대체로 성황을 이루는 명소다.

해설

다치바나 유이치立花雄一

　책 첫머리에 "이미『고쿠민 신문』의 지면을 통해 세상의 갈채를
받은 글이다. 바야흐로 그 진수를 뽑아서 절반 이상을 새로운 소
재로 보강했다"고 실려 있듯이 마쓰바라 이와고로松原巖五郎는 메이
지 25년(1892) 11월 11일부터 하층사회에 관한 일련의 보고를『고쿠
민 신문』에 발표했다. 그 1년간의 일부 성과와 새롭게 쓴 원고(이 책의
6~20장)로 구성한 것이 바로『도쿄의 가장 밑바닥』이다. 이 책은 메이
지 26년(1893) 11월 9일, 민유샤民友社에서 간행되었다.

　마쓰바라 이와고로와『고쿠민 신문』의 관계,『도쿄의 가장 밑바닥』
의 성립에 관한 고증은 야마다 히로미쓰山田博光의 연구●와 나카무
라 세이시中村靑史의 「마쓰바라 니주산카이도松原二十三階堂와 민유
샤」(『일본문학』, 1983년 12월호)에 상세히 게재되어 있다.

　이 책이 탐방하는 세계는 메이지 25~26년경, 즉 청일전쟁이 발발

● 『민유샤 사상문학총서
民友社 思想文學叢書』제
5권『민유샤 문학집民友社文
學集 (1) 해설 외』.

하기 전, 수도 도쿄의 하층사회다.

따라서 에도 말기에서 근대로 넘어가는 과도기의 '유신'과 산업혁명과 같은 사회 변혁을 겪기 이전의 하층민 세계 그 자체였다고 봐도 무방하다. 막연하게 연상되는 이른바 밑바닥 인생의 가장 전형적인 풍경이다.

그리고 시타야 만넨정, 요쓰야 사메가하시, 시바 신아미정芝新網町, 즉 도쿄 3대 빈민굴로 불렸던 일대를 중심으로, 변두리 밑바닥 인생들의 생활상을 상세하고도 생생하게 반영했다.

변두리의 기친야도와 잔반야, 간이식당의 광경, 낙오자들의 집합소로 일컬어졌던 빈민굴에 사는 사람들이 잔반을 구하러 몰려드는 정경과 악착스러운 인력거 차부들의 '전쟁 같은 생활상' 등 한자어 사용이 조금은 과한 듯싶긴 하지만, 문장의 묘사는 놀라우리만큼 역동적이고 문학적이다. 더욱이 곳곳에 등장하는 저자 마쓰바라의 숱한 인생 경험에서 탄생한 예리한 성찰과 함축성 풍부한 비유는 이 책을 그저 그런 한 편의 기록문학reportage으로 그치게 하지 않는다.

가령 이 책에는 밑바닥 생활을 했던 일종의 야바위꾼을 지칭하는 미야모노시라는 직업(?)이 등장한다. 대중소설 작가 하세가와 신長谷川伸●의 두세 작품에도 이것을 생업으로 하는 자가 등장한다. 과연 '미야모노시'란 무엇인가? 사전이나 백과사전을 샅샅이 찾아봤지만, 그 용어는 어디에도 수록되어 있지 않았다. 존재조차 몰랐을 뒷골목

● 1884~1963. 소설가·극작가. 신문기자를 거쳐 대중소설과 시대물을 다룬 희곡을 다수 발표. 마타타비모노股旅物(도박사의 유랑생활을 주제로 한 영화나 소설)의 창시자.

잡배들이나 쓰던 말이었으니까. 이번에 역시 마쓰바라의 작품인 『사회 다방면社会百方面』(1897)을 재차 읽고 나서야 '미야모노시'라는 말의 의미와 그 야바위꾼 같은 실태를 유감없이 알 수 있었다. 하세가와 신은 지칠 줄 모르고 우리 사회 밑바닥 뒷골목 인생들의 삶을 기록한 작가였으니 그의 작품 속에 그런 말과 인물이 존재했던 것은 당연하다. 하지만 『도쿄의 가장 밑바닥』이 어떤 사전이나 백과사전 항목에도 없는, 밑바닥 사회의 말과 생업을 조명한 점과 아울러 두터운 층을 형성했던 사회 저변부의 전모를 남김없이 밝힌 점은 무엇보다 귀중한 가치가 있을 것이다.

일본 메이지 시대에 대거 등장하는 인력거 차부와 여공들. 하지만 『도쿄의 가장 밑바닥』의 세계에는 아직 여공의 모습이 보이지 않는다. 또한 엥겔스가 『영국 노동자 계급의 상태』(1845)에서 밝힌 프롤레타리아의 모습도 등장하지 않는다. 『도쿄의 가장 밑바닥』이 조명하는 것은 오로지 문명이 개화하는 양지에서조차 밀려난, 어두운 그늘이 깊이 드리워진 밑바닥 사회다. 그러므로 '최고의 암흑기'이자 인생의 막다른 곳에 몰린 사람들이다.

일본에서 사회 문제라는 말이 회자되고, 노동 문제에 관한 논의가 제기된 때는 메이지 20년대(1887~1896)다. 그리고 청일전쟁 이후에 산업혁명이 도래했고, 메이지 30년대(1897~1906)에는 노동운동에 이어 사회주의 운동이 막을 내린다. 메이지 26년(1893) 11월에 발행된 『도쿄의 가장 밑바닥』의 무대가 산업혁명 이전이었던 것은 오히려 당연했다. 철공소 공원과 여공 등 근대적 노동자 집단의 상태를 명확하게 파악하려면 또 하나의 걸작, 요코야마 겐노스케橫山源之助[●]의 『일본의 하층사회日本之下層社会』(메이지 32)를 기다려야만 한다.

그런데 마쓰바라 이와고로의 『도쿄의 가장 밑바닥』이 출현하기 전에 발표된 작품에서도 하층사회에 관한 몇 가지 기록을 발견할 수 있다. 「도쿄 하층 빈민의 실상東京府下貧民の眞況」(메이지 19년 3~4월 『초야朝野 신문』, 작가 미상), 스즈키 우메시로鈴木梅四郎(1862~1940, 기업인, 정치가)의 『오사카 나고정 빈민굴 시찰기大阪名護町貧民窟視察記』(메이지 21년 12월 『시사신보時事新報』에 연재), 사쿠라다 분고櫻田文吾[●●]의 『빈천지 기한굴 탐험기貧天地饑寒窟探險記』(메이지 23년 8~11월 『니혼』) 등이다. 이상은 모두 도쿄와 오사카의 빈민굴을 탐방한 기록이며 지금도 읽어볼 가치가 있다.

이 중에서 마쓰바라의 『도쿄의 가장 밑바닥』에 직접적인 영향을 준 것은 사쿠라다 분고의 『빈천지 기한굴 탐험기』다. 『니혼』 신문에 메이지 23년(1890) 8월에서 11월에 걸쳐 발표한 도쿄·오사카 두 도시의 빈민굴 탐방기로, 구체적인 기술과 문학적 재미까지 더해 당시 주목을 모았던 작품이다. 후반에 상세히 기술하겠지만, 갓 등단한 신진 작가 마쓰바라 이와고로가 사회 저변을 탐방하는 작가로 변신한 계기가 바로 『빈천지 기한굴 탐험기』의 출현이었다고 해도 과언이 아니

[●] 1871~1915. 저널리스트, 사회문제 연구자.

[●●] 1863~1922. 저널리스트. 가장 빨리 도쿄와 오사카의 빈민굴 탐방기를 연재. 호는 대아거사大我居士.

다. 그리고 앞서 언급했다시피 마쓰바라는 사쿠라다를 본받아 마침내 메이지 25년 11월 『고쿠민 신문』에 하층사회에 관한 일련의 보고서를 게재하기에 이른다.

메이지 26년(1893) 6월에 사쿠라다 분고의 『빈천지 기한굴 탐험기』가 먼저 한 권의 책으로 간행되고 뒤이어 같은 해 11월 마쓰바라 이와고로의 『도쿄의 가장 밑바닥』이 세상에 나온다.

『빈천지 기한굴 탐험기』는 다카시마高島 탄광 사건●을 폭로하여 여론을 들끓게 했던 세이쿄샤政教社(1888년 4월 3일 미야케 세쓰레이三宅雪嶺가 스기우라 시게타케杉浦重剛, 시가 시게타카志賀重昂와 설립한 국수주의 단체. 잡지 『니혼진』을 발행)의 「니혼」지를 무대로, 메이지 23년(1890)의 쌀 파동에 의해 촉발되어 탄생했다고 봐도 틀리지 않을 것이다. 마쓰바라 이와고로의 『도쿄의 가장 밑바닥』은 사회 문제, 노동 문제에 관한 해설로 여론을 환기하는 데 선도적인 역할을 했던 도쿠토미 소호德富蘇峰(1863~1957, 평론가·저널리스트, 자유민권운동에 참가, 평민주의를 주장)의 민유샤를 무대로 탄생한다. 즉, 실제로 일본 사회 문제의 실체가 무엇인지를 처음으로 구체적으로 증명한 것이 『빈천지 기한굴 탐험기』이자, 다름 아닌 『도쿄의 가장 밑바닥』이었던 것이다.

『도쿄의 가장 밑바닥』은 사쿠라다의 『빈천지 기한굴 탐험기』에 뒤지지 않는 주목을 받은 작품이었다. 발매 열흘 만에 재판을 찍었고, 한 달 후에는 3판, 이후에도 인쇄하는 족족 팔려나갔다(『빈천지 기한

● 메이지 21년, 나가사키의 다카시마 탄광의 광부 학대 사건. 1878년에는 임금 인상을 요구하는 광부가 폭동을 일으켜 100여 명이 체포됨. 이때의 체험자가 1888년 잡지 『니혼진』에 그 실태를 고발하여 미야케 세쓰레이가 「삼천의 노예를 어찌해야 하는가三千の奴隷いかにすべきか」라는 비평을 실었다. 다카시마 탄광은 미쓰비시 소유의 해저 탄광 중 하나로, 증기기관을 갖춘 일본 최초의 근대적 탄광이자 최대의 해저 탄광. 가혹한 노무 관리로 악명이 높았고, 1881년 미쓰비시 광업이 인수한 이후에

굴 탐험기』 역시 재판을 찍었다).

아울러 『도쿄의 가장 밑바닥』을 출간하고 한 달 뒤 『국민의 친구 國民の友』 제211호(메이지 26년 12월 13일)는 각 신문, 잡지가 게재한 서평을 모아 재빨리 광고를 냈다. 당시 『도쿄의 가장 밑바닥』이 받은 평가가 어느 정도였는지를 엿볼 수 있다. "이 책은 출간되자마자 뜨거운 호평을 받았다. 소개하면 이렇다. '전부 현장 관찰을 토대로 한 까닭에 읽는 내내 마치 실제 상황을 보는 듯한 착각이 든다(『와세다문학 早稻田文學』).' '지각 있는 사람은 일독해야 한다(『니혼』).' '생계가 곤궁한 백성의 실정이 암흑시대를 보는 듯하다(덴소쿠天則).' '세상의 자산가가 읽었으면 좋겠다(『니주로쿠신보二十六新報』).' '문장마다 적나라하게 진심을 잘 담아냈다(『도쿄아사히신문』).' '정밀한 관찰과 문체에 절로 심각해진다(『요미우리신문』).' '두 아들과 조자카가미長者鑑(부자의 이름, 재산, 순위 등을 기록한 것)를 저술한 솜씨가 빈민들의 사정을 헤아린 이후에 한결 더 흥미롭게 진화했다(『오사카아사히신문』).' 이만하면 이 책이 환영받는 이유를 알고도 남을 것이다."

게다가 이 책은 영어판으로도 출간됐다. 즉, 1897년(메이지 30) 요코하마의 The "Eastern World" Newspaper에서 *In Darkest Tokyo-Sketches of Humble Life in the Capital of Japan*이라는 제목으로 출판됐고, 옮긴이는 주간지 『이스턴 월드』의 편집자 F. 슈뢰더였다. 이 주간지에 연재된 것을 나중에 엮은 것이다.

도 인권의 사각지대에 놓여 있었다. 태평양전쟁 중에는 조선인 노무자들이 대거 끌려와 강제노동에 시달렸다.

메이지 34년(1901)에 발간된 『일본의 노동운동日本の勞働運動』(가타야마 센片山 潛, 니시카와 고지로西川光二郎 공저)을 보면 '직·간접적으로 노동운동에 공헌한 바' 있는 메이지 20년대의 저서 4권의 이름이 열거되어 있다. 그중 두 권이 마쓰바라 이와고로의 이 책과 사쿠라다 분고의 『빈천지 기한굴 탐험기』였다. 또한 메이지 40년(1907)에 출간된 『일본사회주의사日本社会主義史』(이시카와 산시로石川三四郎)에는 일본 사회주의 사상을 고취시키는 데 영향을 준 저서들이 나오는데 이 중에도 두 저자의 이름이 열거되어 있다. 이러한 평가를 받은 이유는 다름 아니라 마쓰바라와 사쿠라다의 작품이 일본 사회의 모순이 어디서 기인하는지 그 소재를 최초로 밝힌 책으로 자리매김했기 때문이다.

또한 사회주의 시인 야마구치 고겐山口孤劍●은 이 책을 읽은 것이 계기가 되어 훗날 사회주의자가 되었다고 한다(주간 『평민신문』 제44호). 그 밖에 다오카 레이운田岡嶺雲●●의 「어두운 면과 문필가暗黒面と操觚者」(아오키문고青木文庫 『다오카 레이운 선집』에 수록)와 구니키다 돗포國木田独歩(1871~1908, 시인·소설가·자연주의 문학의 선구자)의 「니주산카이도 주인에게 주다二十三階堂主人に与ふ」(『결정판 구니키다 돗포 전집』 제1권에 수록)는 마쓰바라 이와고로뿐만 아니라 사쿠라다 분고, 요코야마 겐노스케●●●를 높이 평가했다.

현대 작가 중에서는 마에다 아이前田愛가 『감옥의 유토피아獄舎のユ

● 1883~1920. 러일전쟁을 반대하고 『평민신문平民新聞』과 사회주의 서적을 짐수레에 싣고 도쿄에서 시모노세키까지 행상을 다녔던 것으로 유명함. 저서는 『사회주의와 부인社會主義と婦人』.
●● 1870~1912, 평론가·중국문학가·사회주의적 평론의 선구자. 대부분의 저서가 발매 금지 처분을 받음.
●●● 1871~1915, 사회 문제 연구가. 도시 하층사회와 노동자의 실태를 조사하고 『일본의 하층사회日本之下層社會』를 저술.

ートピア』에서 마쓰바라의 『도쿄의 가장 밑바닥』에 관해 다음과 같이 주목할 만한 발언을 한다. "이 책이 찾아낸 우주론적인 파급력을 지닌 암흑 이미지가, 동시대의 문학, 가령 이른바 비참소설悲惨小說이나 심각소설深刻小說●의 세계와 고립된 것은 메이지 문학사가 안고 있는 커다란 수수께끼 중 하나다"(총서 『문화의 현재文化の現在』 4 「중심과 주변 中心と周縁」)라고.

메이지 26년(1893)에 마쓰바라 이와고로가 이 책을 세상에 내놓았을 때 소설과 시라는 기성 문학의 규범 아래서 쓴 것이 아니었기 때문에 이 작품은 문학으로 거론되지 않았다. 당시 『도쿄의 가장 밑바닥』은 문학이라기보다는 차라리 사회 문제의 해결, 세상을 다스리는 경론서에 속했을 것이다. 그래서 청일전쟁 이후 사실주의 문학으로 일컬어지던 비참소설과 심각소설 같은 종류로부터도 멀리 '고립'되고 동떨어져 있었다.

하지만 다양한 가치관과 갖가지 실험이 요구되는 오늘날, 사실 이 책만이 전문 작가가 시도했던, 일본 최초의 대담무쌍한 기록문학이었음을 이 자리에서 깨달아야 한다. 문학사에서도 재평가해야 할 좋은 작품이다. 사실 이노 겐지猪野謙二●●의 『메이지문학사明治文學史 上下 講談社』는 이러한 면에서 『도쿄의 가장 밑바닥』을 평가했을 것이다.

어쨌든 마쓰바라의 이 책이 후타바테이二葉亭의 『뜬구름浮雲』(일본

● 1895년과 이듬해에 유행한 소설로, 인간의 죽음과 병고를 다루거나 불륜 등의 사건으로 비참한 최후를 맞이하는 소설.

●● 1913~1997. 문예평론가·국문학자, 역사사회학파 입장에서 근대 문학 연구에 착수했고 국민문학 운동을 추진함. 저서 『근대일본문학사연구近代日本文學史 究』

『메이지의 작가明治の作家』 등.

최초의 근대적 사실주의 소설이자 언문일치체 소설), 모리 오가이森鷗外●의 『무희』와 더불어 다른 일본 근대 문학의 기원 중 하나였던 것은 분명하다.

문학가로서 자신의 입지마저 위협할지 모르는 미지의 문학 영역을 개척하고자 마쓰바라 이와고로는 햇볕이 전혀 들지 않는 밑바닥 사회에 무작정 몸을 던졌다. 거기서 탄생한 이 책은 현대에도 날카로운 질문을 던지고 있다고 생각된다.

지금부터는 마쓰바라 이와고로의 생애를 간략히 기술하겠다.

마쓰바라 이와고로에게는 다이하이 만인세이大盃滿引生, 니주산카이도, 슈운岫雲이라는 별명이 있다.

게이오慶応 2년(1866) 8월 6일 돗토리현鳥取県 아세리군汗入郡 요도에슈쿠淀江宿 451(오늘날의 사이하쿠군 요도에정西伯郡淀江町)에서 태어났다. 후키노 기사부로吹野儀三郎의 사형제 중 막내였다. 본가에서 일가를 이루어 독립한 아버지 기사부로는 4남 이와고로가 태어난 이듬해인 게이오 3년 11월에 사망한다. 어머니는 돗토리 이케다한池田藩의 구나이쇼宮内省에 근무하던 의사典医 집안 구사노가草野家 출신이었으나 역시 곧이어 세상을 떠났다. 배다른 맏형 2대 기사부로(가에이嘉永 5년생[1852])가 돌아가신 아버지의 뒤를 이어 호주를 상속하고 동시에 이듬해인 메이지 1년(1868) 정월, 15세 나이로 결혼했다.

● 1862~1922. 소설가·평론가·번역가·육군 군의관. 신체시에 큰 영향을 줌. 일본 낭만주의의 선구자. 자연주의자인 쓰보우치 쇼요坪内逍遙와의 논쟁에서 이상주의로 대결한 것이 유명함.

어려서 양친을 여읜 이와고로는 맏형의 손에 자라는 신세가 된다. 소년의 나이로 가문의 대를 이은 형 기사부로는, 어린 세 동생을 거느리고 작은 규모지만 가업인 양조업을 열심히 꾸려나갔다.

가정 형편상 이와고로는 어린 시절부터 일해야만 했다. 메이지 6년 요도에 에도 초등학교가 개교했지만, 이와고로가 입학했는지는 불분명하다. 안도 노부토모安藤 信友가 술도가 사환을 보고 지은 유명한 하이쿠가 있다. "눈 오는 날 저 아이도 귀한 아들이련만 맨발로 빈 술통을 거두러 다니네雪の日やあれも人の子樽拾い." 훗날 마쓰바라는 이 하이쿠를 곧잘 입에 올렸다고 한다. 필시 그립고도 고된, 소년 시절의 자기 자신이 보였기 때문이리라. 또 마쓰바라는 비가 오나 눈이 오나 어린아이가 들기에는 벅찬 통을 집집이 돌아다니며 수거했고, 공부하고 싶어도 등유를 쓰지 못하게 했기에 형창설안螢窓雪案(반딧불이 비치는 창과 눈에 비치는 책상이라는 뜻=형설지공)으로 공부했다고도 한다. 옛날 상인 집안은 어디든 지독했었다.

둘째 형과 셋째 형은 훗날 다른 집에 양자로 들어갔다. 그리고 4남 이와고로도 메이지 16년 9월, 17세에 마쓰바라 가야가かや家에 사환으로 들어간다. 이름뿐인 양자였다. 두 집 다 요도에에 있다. 재산이 분산되는 것을 꺼렸기 때문이기도 하고, 징병을 피하기 위해서였다고도 한다. 그 무렵 호주, 장남, 상속자는 병역이 면제되었으니까.

마쓰바라 이와고로의 고향 요도에에는 미호만美保湾이 마주 보이는 산인도山陰道 호키초 가도伯耆街의 역참宿場 마을이다. 동쪽으로 호키후지 다이센伯耆富士大山(일본 4대 명산 중 하나)이 보이고, 서쪽으로 요나고米子가 있다. 이와고로가 자랐던 메이지 초기에는 인구가 불과 2000명 남짓이었고, 지금도 8000명 남짓이다. 덴포天保(1830~1844) 시대에는 12곳의 술도가가 있었다고 한다.

친인척 사이에 전해지는, 이와고로의 가출에 관한 전설이 하나 남아 있다. 세 번 가출해서 두 번은 다시 끌려왔고, 세 번째에 드디어 허락을 받았다고 한다. 이와고로가 열세 살 때다. 게다가 땡전 한 푼 없이 맨몸으로.

산을 넘던 도중 산적을 만났다. 아직 어렸으므로 산적이 오히려 동정해서 주먹밥을 두 개나 주었단다. 당시 산인 본선山陰本線은 개통되기 전이었다.

오사카에서 다시 도쿄로 떠났다. 그리고 『도쿄의 가장 밑바닥』에서 엿볼 수 있듯이 마쓰바라는 몇 년간 여러 육체노동과 행상을 차례로 전전했다. 훗날 한때 게이오 의숙에서 수학했던 흔적도 보인다.

그 무렵 고쿠민 신문사의 직원이던 나카무라 라쿠텐中村楽天(본명은 나카무라 슈이치中村修一)을 알게 된다.

이처럼 부모님의 얼굴조차 모르고 자란 마쓰바라 이와고로는 장성할 때까지 온갖 밑바닥 생활을 경험했지만, 그 와중에도 향학열은 사그라들지 않았다.

그리고 메이지 21년(1888) 4월 『문명의 문文明疑問』 상편(82쪽)을 자비로 출판했다. 당시 마쓰바라 이와고로의 나이는 21세.

바람직한 문명의 개화에 관해 질문을 던지는 내용이었다. 이 책의 출판을 계기로 마쓰바라는 우치다 후치안內田不知庵●과 친분을 트고, 후치안의 소개로 같은 해 12월 『여학잡지女學雜誌』에 「미야코노하나 풋내기 만평都の花 素人漫評」을 실었다. 잇따라 후타바테이 시메이二葉亭四迷(1864~1909, 소설가·번역가, 트루게네프의 『밀회』 『해후』 번역)와 고다 로한幸田露伴●●의 환대를 받는다.

메이지 23년(1890) 9월 『고쿠민 신문』에 「올해의 문학계」를 투고했다.

그리고 10월 마쓰바라는 대략 다음과 같은 서한을 민유샤 사주인 도쿠토미 소호에게 보낸다. "소생은 마쓰바라 이와고로라고 하는 촌무지렁이이옵니다. 미래의 일본, 새로운 일본의 청년을 위한 충정에 사로잡힌 한 사람이옵니다. (…) 본디 소생은 평소 일본 소작인의 생애에 관해 느낀 바를 하나의 글로 펴내고 싶은 바람이 있었습니다. (…) 신일본의 청년 가운데 그 책의 독자가 나오기를 바라며 아울러 선생님께 견마지로를 다하겠습니다."(『근대일본사료선서近代日本史料選書』 7-1 「도쿠토미 소호 관계문서」)

민유샤에 들어가고 싶다는 것인지, 아니면 소작인을 다룬 작품을 써서 출판하고 싶다는 뜻인지 의미가 모호하지만, 이어서 다시 "이번

● 또는 로안魯庵(1868~1929). 『죄와 벌』 『부활』을 번역하여 소개. 저서는 소설 『섣달 스무여드레』 등.

●● 1867~1947, 소설가·수필가·고증가. 제1회 문화훈장 수훈, 구어체적인 문체와 주로 권선징악적 주제를 다룸. 저서는 『풍류불風流佛』과 『오층탑五重塔』 등.

에 로한이 공들인 『두 호색한好色二人男』이라는 소설이 슌요도 서점 春陽堂書店에서 발행되옵니다"라고 기술한다. 즉, 입사든 출판이든 이 것은 마쓰바라가 소호에게 보내는 청탁성 뇌물이다. 글 중간에 나오 는 『두 호색한好色二人男』은 이로부터 50일 뒤에 출판된다. 로한의 한 문 서문에 있는 『여색을 밝히는 두 아들好色二人息子』(같은 해인 메이지 23년 12월 16일에 간행)을 말하는 것이었다. 이어지는 서한에는 "이 책 은 호색한에 관한 얘기는 절대 아니지만, 요즘에는 자극적이지 않으 면 인기가 없을뿐더러 책방의 강압도 있고 하여 이런 제목을 붙였다 고 합니다"라고 하고 있다.

이 서한을 보면, 평민주의를 표방하고 『국민의 친구國民の友』『고쿠 민 신문』을 옹호하여 청년들 사이에 인기가 있었던, 소호의 민유샤 를 동경하던 마쓰바라의 모습이 훤히 보이는 것만 같다. 또한 마쓰바 라가 자신의 문학조차 못마땅하게 여기는 듯한 모습마저 볼 수 있다. 그런데 마침 이때 국수파인 세이쿄샤政教社의 발행 신문 『니혼』에 사 쿠라다 분고의 『빈천지 기한굴 탐험기』가 연재되었다. 마쓰바라가 '소 작인' 운운하며 민유샤에 몸을 의탁하려고 집착했던 것과 모종의 관 련이 있는 듯싶다.

그러나 마쓰바라의 고쿠민 신문사 입사에는 약간 복잡한 사정이 있다.

마쓰바라는 이듬해인 메이지 24년 4월에 『내연녀かくし妻(슌요도)』,

6월에 『조자카가미長者鑑』와 『신저백종新著百種』을 발표했다. 신진 작가로서 마쓰바라 이와고로(니주산카이도)의 입지는 이때 거의 다져졌다고 할 수 있다. 에미 스이인江見水蔭●은 『자기중심 메이지문단사自己中心明治文壇史』에서 그 일에 관해 다음과 같이 기술한다. "오자키 고요尾崎紅葉●●의 『헐값에 판 목숨命の安売』, 야마다 비묘山田美妙(1868~1910, 소설가·시인·평론가, 저서는 『무사시노武蔵野』『여름 나무숲夏木立』『호접蝴蝶』 등)의 『원숭이 얼굴을 한 남자猿面冠者』, 니주산카이도二十三階堂의 『내연녀』, 이와야 사자나미巖谷 小波●●●의 『외올실かた糸』, 이시바시 닌게쓰石橋 忍月(1865~1926, 평론가·소설가)의 『쓰지우라우리辻占売(화류계 거리에서 점괘가 적힌 종잇조각을 팔러 다니는 사람)』, 쇼다유●●●●의 『숨바꼭질』 등과 같이 당시 유행하던 사람이 모두 모였다'라고.

그리고 메이지 25년(1892) 마쓰바라 이와고로는 로한의 추천으로 일단 국회신문사에 입사했다. 이어서 염원하던 소호의 고쿠민 신문사에 드디어 들어갔다.

이사이 8월에 「주마등」(소설집 『능라綾にしき』에 수록), 10월에 「신新조자카가미長者鑑」(『미야코노하나都の花』)를 발표한다.

마쓰바라 이와고로가 고쿠민 신문사에 입사한 것은 필시 최초의 하층사회 보고 「시바우라의 아침밥 짓는 연기芝浦の朝烟」를 『고쿠민 신문』에 연재한 11월부터일 것이다. 현존하는 직원 봉급일지에 그 전

● 1869~1934, 번역가·탐험가·소설가·대중문학의 선구자. 1906년에는 장승포에 머물며 포경선에 탑승한 경험을 바탕으로 『실지탐험 포경선』을 저술.

●● 1867~1903, 소설가·하이쿠 시인, 메이지 중기의 사회상을 사실적으로 그려낸 풍속소설의 일인자. 저서는 『장한몽[이수일과 심순애]』의 원작인 『금색야차金色夜叉』와 언문일치체인 『다정다한多情多恨』 등.

●●● 1870~1933. 아동문학가. 사자나미 산진漣山人이라고도 하며 『홍길동』『개와 고양이』『토끼의 강』 등 한국

달인 25년 10월까지 마쓰바라 이와고로의 이름이 없기 때문이다. 마쓰바라의 봉급은, 당시 직장 선배 나카무라 라쿠텐中村楽天의 봉급이 10엔이었으니 아마 그 정도가 아니었을까 싶다. (『도쿄의 가장 밑바닥』에서 기록하고 있는 인력거 차부의 한 달 벌이와 비슷한 액수였음을 알았으면 한다.)

소호가 마쓰바라의 입사를 받아들인 조건은 필시 하층사회 르포에 전념하는 것이었을 터이다. 신진 작가 마쓰바라 이와고로라면 세이유샤政友社가 선수 친 사쿠라다 분고의 르포에 맞설, 아니 단연코 그 책을 능가하는 작품을 민유샤의 신문에 싣게 해줄 테니까. 실제로 재직 기간에 마쓰바라가 신문에 기고한 글은 소설다운 소설이 아니라 대부분 하층사회 탐방기였다.

게다가 앞서 봤던 소호에게 보낸 서한 한 통이 미묘하게 그간의 소식을 말해주는 듯하다.

곧 하층사회 보고서인 『도쿄의 가장 밑바닥』이 완성되었고, 이어서 메이지 29년(1896) 2월에는 청일전쟁 종군기록인 『정진여록征塵余録(청년총서호외靑年叢書号外)』이 나온다. 계속해서 30년(1897) 5월에는 하층사회 보고집 『사회 다방면』이 출판되었다.

구니키다 돗포의 『애제통신愛弟通信』이 청일전쟁 때 『고쿠민 신문』을 장식했던 걸작이었다는 사실은 매우 유명하다. 마쓰바라가 부산 상륙 후 홀로 한반도를 종단해서 전쟁터로 가는 동안, 기자의 눈에

의 대표적인 전래동화를 일본 어린이들에게 소개함.

●●●● 사이토 료쿠齋藤綠雨(1868~1904) 소설가·평론가. 쇼지키 쇼다유正直正太夫는 필명 중 하나. 저서는 『기름지옥油地獄』 등.

비친 한국의 민정을 보고한 것이다.

청일전쟁이 발발하자 마쓰바라는 즉시 종군기자로 파견된다. 그때 직함은 한국 민정시찰 기자 마쓰바라 이와고로였다. 이미 『도쿄의 가장 밑바닥』로 유명해진 그는 당시 이런 형태로도 회사의 기대를 짊어지고서 이름값을 했다. 따라서 『정진여록』은 당연히 하층사회 보고와 동일선상에 있으며, 여타의 종군기와는 다른 이색적인 작품이었다(후반부만 전쟁 기록이다. 이후 무수히 탄생한 일본의 전쟁 기록물에는 민정에 관한 내용이 빠져 있음을 상기하라).

『정진여록』에는 사주인 소호의 서문이 실렸고, 마쓰바라의 풍모가 투영되어 있다. 잠시 살펴보기로 하자. "만일 종군기자에게 논공행상하면 우리 마쓰바라 이와고로 군은 긴시金鵄 훈장(무공훈장) 수훈감이라니까. (…) 메이지 28년 4월 18일 내가 후카이深井 군과 대총독부大總督府의 야카타부네屋形船●를 타고 료준코旅順口●●에 도착하니 부두가 인산인해였지. 그런데 투박한粗硬 방한외투 차림에 군화를 신은 장발의 단신이, 대검을 지고 행낭을 어깨에 둘러멘 채 다가오더군. 얼굴은 새까맣고, 흐트러진 머리카락을 묶은 모습이 마치 북방의 곰과 비슷하더라고. 만나보니 바로 자네더군……."

마쓰바라는 타이완에도 종군했으나 현지에서 그만 열병에 걸려 도중에 귀국했다.

그리고 메이지 30년 5월 「아시오 구리광산足尾銅山 탐방기」 등이

● 선상에서 연회나 식사를 하며 즐기기 위해 지붕과 다다미방을 갖춘 배. 로센楼船이라고도 함.

●● 중국어로는 뤼순커우 구. 러일전쟁 때 일본 해군의 근거지이자 함대 후방의 총괄 기관인 진수부가 설치된 곳.

담긴든 『사회 다방면』을 출판한다. 같은 해 8월 15일, 제1차 사내 개혁을 단행했을 때는 『고쿠민 신문』 문예부장으로 발탁되었다.

하지만 그것도 잠시, 딱 1년 뒤, 즉 메이지 31년(1898) 8월 15일 제2차 사내 개혁을 단행했을 때는 편집국 직원 7명 이외에 직원의 3분의 2가 정리해고를 당했다. 원인은 전년도(1897)에 소호가 '변절'하고 마쓰카타 마사요시松方正義● 내각의 내무성 칙임참사관勅任参事官으로 취임하는 바람에 민유샤의 독자 수가 격감했기 때문이다. 마쓰바라도 이때 파면되었다.

이 사태에 관하여 『마이니치신문』(메이지 31년 8월 18일)은 「가슴 아픈 도쿠토미 소호의 말로」라는 제목으로 다음과 같이 보도했다. "오늘 아침 긴급 소식이 들어왔다. 도쿠토미 소호가 재정 궁핍으로 결국 『국민의 친구』 『가정잡지』 『극동極東』 세 잡지를 폐간했다. 오늘 아침부로 마쓰바라 이와고로, 나카무라 슈이치中村修一, 가네코 슌무金子春夢(1871~1899, 소설가·평론가), 가쿠다 사쿠라즈쓰미角田櫻堤, 아메야 잇사이안雨谷一菜庵(아메타니 간이치雨谷幹一라고도 함), 네기시 요시타로根岸由太郎 외에도 많은 직원을 해고했다." 미야자키 고쇼시宮崎湖処子도 이때 그만두었다고 하니 7명이란 이들이었을까.

이 일이 있기 전에 다케코시 산사竹越三叉,●● 야마지 아이잔山路愛山●●●, 히토미 이치타로●●●●人見一太郎 등 잘나가던 직원들은 이미 회사를 떠났던 것이다.

● 1835~1924, 일본은행 창설, 태환제도兌換制度 확립, 공무합체公武合体 운동과 막부 토벌 운동에 참가.

●● 본명 다케코시 요사부로竹越與三郎(1865~1950). 정치가·역사가, 저서 『신일본사』 『일본경제사』 『2500년사』.

●●● 1864~1917. 역사가·저널리스트. 저서 『현대금권사現代金権史』 등.

마쓰바라 이와고로는 메이지 28년(1895) 9월, 외가의 사촌 누이동생 구사노 스카와 결혼했다. 이미 두 아이를 두었으므로 고쿠민 신문사에서 파면당할 당시 마쓰바라는 세 식구의 가장이었다.

『고쿠민 신문』에서 이직한 후 마쓰바라가 곧바로 접한 것은 오하시 오토와大橋乙羽(1869~1901, 소설가·편집자, 저서는 소설집 『화조집花鳥集』, 기행문집 『천산만수千山萬水』 등)의 하쿠분칸博文館이다. 그러고는 노자키 사분野崎左文(1858~1935, 신문기자·교카시狂歌師, 저서는 『내가 본 메이지 문단私の見た明治文壇』)이 대부분을 집필하고, 하쿠분칸이 간행 중이던 『일본명승지지日本名勝地誌』(메이지 26~34년, 전12권) 제9편인 『홋카이도의 베北海道の部(베는 농업 공동체나 어로·축조·도기 제조 등과 같은 여러 기능을 하도록 조직된 직업적 집단)』의 집필을 맡았다.

8월에 고쿠민 신문사에서 이직하고 9월에 벌써 조사차 홋카이도로 건너간다. 홋카이도로 건너가자마자 삿포로에서 「북정록北征録」 4회(10월 6일)를 절친한 벗 요코야마 겐노스케橫山源之助가 소속된 『마이니치신문』에 보냈다. 그 밖에 같은 해 12월까지 「막부 정권의 형옥의 비록幕政刑獄の秘録」을 잡지 『천지인天地人』에 4회 실었다.

여러 날을 머물며 하코다테函館에서 삿포로까지 산야를 돌아다니고 쓴 보고문이 「에조의 토산물蝦夷の山づと」이다. 하쿠분칸이 발행하는 잡지 『태양』에 이듬해 32년 1월부터 3회에 걸쳐 연재되었으며, 『일본명승지지』의 『홋카이도의 베』에도 부록으로 수록되었다. 또한 『신

●●●● 1865~1924, 저널리스트·기업가[제당업], 저서 『제2의 유신第二之維新』 『국민적 대문제國民的大問題』

소설』(32년 10~11월호)에 「에조의 절경蝦夷奇観」을, 『태양』(32년 11월호)에는 「북해의 7대 비경北海の七奇勝」을, 아울러 『오타루신문小樽新聞』에는 32년 5월 16일부터 홋카이도 방문을 계기로 쓴 듯싶은 연재소설 「대산맥大山脈」을 집필한다.

홋카이도의 최고봉 누탑카우시페nutap-ka-us-pe(원주민 아이누족이 부르던 명칭)를 마쓰바라 이와고로가 처음으로 '다이세쓰 산大雪山'이라고 명명한 것도 바로 이때다. 즉 "첩첩산중에서 높고 험준한 산을 들자면 '다이세쓰 산(본디 이름 누탑카우시페)'이다. 겹겹이 들어선 찬란한 시가지의 동남쪽 100리(약 40킬로미터)에 걸쳐 바다를 뚫고 8000여 자(2.4킬로미터 정도) 높이로 우뚝 솟은 것이 실로 이 홋카이도에서 제일 높다"고 제9편 『홋카이도의 베』에 적힌 그 대목이 바로 '다이세쓰 산'이란 이름의 유래였다.

산세가 비슷했던 호키후지伯耆富士라는 별칭을 지닌 고향 산 '다이센大山'에서 이름을 따왔다고 한다. 『도쿄의 가장 밑바닥』의 저자 마쓰바라 이와고로가 바로 '다이세쓰 산'이라고 명명한 사람이었던 것이다.

이리하여 『일본명승지지』 제9편 『홋카이도의 베』가 메이지 32년 9월 28일에 출판되고, 이어서 역시나 하쿠분칸에서 『기우치 소고木內宗吾』●(소년독본 제17편)가 같은 해 12월 5일에 발간된다. 아직은 보지 못했지만, 야나기다 이즈미柳田泉●●에 의하면 내로라하는 재벌들

● 사쿠라 소고로佐倉惣五郎. 계속되는 흉작과 가혹한 세금으로 고통받는 농민을 구하고자 쇼군에게 직소한 죄로 부자가 함께 책형을 당함. 「의민 사쿠라 소고」라는 연극으로 유명.

●● 1894~1969, 국문학자·번역가. 『톨스토이 전집』과 『칼라일 전집』 등을 번역. 저서는 『정치소설연구』 등.

의 이야기를 다룬 마쓰바라 이와고로의 저서 『상하이기운담商海奇運談』이 같은 해에 나왔다고 한다. 이러한 연이은 작품활동 덕분일까. 에미 스이인이 회상(앞서 말한 책)하기를, 마쓰바라 니주산카이도가 같은 해 2월 하쿠분칸 편집국에 있었다고 한다. 하지만 당시 마쓰바라는 아직 하쿠분칸의 직원이 되기 전이었다. 이듬해 메이지 33년, 하쿠분칸의 '근하신년' 광고에도 여전히 마쓰바라의 이름은 없다.

마쓰바라 이와고로가 정식으로 하쿠분칸 직원에 영입된 것은 앞서 말했지만 거듭하여 몇 가지 공로를 세운 뒤 의화단 운동(1900년, 청나라 말 산둥 지방에서 의화단을 중심으로 한 백성이 베이징에 있는 서양 공사관을 습격한 사건. 북청사변이라고도 함)의 발발로 하쿠분칸이 갑작스럽게 순간지旬刊誌(열흘에 한 번씩 내는 발행물)인 『동양전쟁실기東洋戰争實記』(메이지 33년 7월 5일~10월 3일. 10호까지 월 3회 발행)를 간행할 때부터다. 『동양전쟁실기』 발행 광고에는 이렇게 쓰어 있다. "27~28년 전쟁에 종군해서 한·청韓淸의 들판을 돌아다닌 마쓰바라 니주산카이도 씨가 새로이 입사하여 편집을 맡았다."(『태양』) 즉, 『정진여록』을 편찬한 실력을 높이 산 것이다.

이러한 경위를 거친 뒤에야 마쓰바라 이와고로는 메이지 33년 (1900) 7월 『동양전쟁실기』의 편집주임으로 하쿠분칸에 입사한다. 그는 『동양전쟁실기』에 「조선 사건의 전말朝鮮事件始末」을 집필했다. 사족을 붙이면 하쿠분칸은 이때를 전후로 『청일전쟁실기』『러일전

쟁실기』를 출간하여 크게 성공을 거
두었다.

메이지 30년경의 저자. 『신소설』 메
이지 30년 2월호에 수록

　그러나 『동양전쟁실기』는 의화단
운동의 종결과 함께 불과 3개월 만에
단명하고 말았다. 이어서 하쿠분칸은
이듬해인 메이지 34년 1월 월간지 『여
학세계女學世界』를 창간하면서 마쓰바
라 이와고로를 편집장 자리에 앉히기
로 한다. "창간 당시의 주임은 마쓰바
라 이와고로 씨(니주산카이도)이고, 무
라야스 세이간紫安淸巖, 도마베치 시사부로苫米地 治三郎(日東) 등 여러
분이 이곳 소속이며, 모두 전에 『동양전쟁실기』에 종사했던 사람들이
다"라는 기록이 쓰보야 젠시로坪谷善四郎(1862~1949. 출판인·정치가)의
『하쿠분칸 50년사』에 보인다. 마쓰바라가 『여학세계』의 편집장이었던
기간은 1권부터 16권이 나온 다이쇼 5년(1916) 12월까지 실로 16년
에 이른다.

　다이쇼 6년 6월 15일 하쿠분칸은 창업 30주년을 맞이하여 사풍
을 일신하고, 대대적인 인사 쇄신을 단행했다. 마쓰바라 이와고로는
이와야 사자나미巖谷小波 등과 함께 이때 하쿠분칸 직책에서 해고된
다. 쓰보야 젠시로가 쓴 『오하시 사헤이전大橋佐平伝』(오하시 사헤이는

하쿠분칸 창업자, 1836~1901)과 『오하시 신타로전大橋新太郎伝』(사헤이의
아들, 1863~1944)에서 그 대목을 인용하면 "이와야 수에오巖谷季雄(사
자나미의 본명)는 종래의 소년 소녀와 유년물 각 부서 감독을 파면하
고 고문이 되어, 우키타 가즈타미浮田和民●를 『태양』 주간직에서 파면
하고 객원으로 삼았다. 또한 『여학세계』의 주임 마쓰바라 이와고로와
『모험세계』 주임 아부 신이치阿武信一(1882~1928, 아부 덴푸阿武天風의 본
명), 『태양』 기자 야스이 쇼타로安井正太郎 등을 파면하고 모두 객원으
로 삼았다" "당시 쓰보야, 이와야, 마쓰바라처럼 오래 재직한 사람에
게는 종신연금을 지급하고 그 외의 직원들에게는 각각 상당한 액수
의 일시금을 주어 공로에 보답했다"고 한다.

객원이 된 후 마쓰바라 이와고로는 다이쇼 8년(1919) 3월 『여학세
계』 제19권 제3호에 「물떼새 씨에 관한 것들磯千鳥氏の事ども」 한 편을
마쓰바라 슈운松原岫雲이라는 이름으로 집필했을 뿐이다.

만년에 마쓰바라는 혼고구本鄉區(현재의 분쿄구文京區) 센다기千駄木
하야시정林町 81에 있는 자택에 살며 하야시정林町, 신메이정神明町
에 여러 채의 셋집을 소유하고 있었다. 요코야마 겐노스케가 메이지
45년 식민사정殖民事情을 조사하기 위해 브라질로 도항했을 때 같은
하야시정에 살던 요코야마 가족을 마쓰바라 집안에서 보살폈다고
한다.

여기서 다시 『하쿠분칸 50년사』를 펼쳐보겠다. "『여학세계』의 주임

● 1859~1946. 민주주의의
이론적 선구자. 입헌주의적
입장에서 평론활동을 전개
했다. 저서는 『윤리적 제국주
의』 등.

으로서 오랜 세월 의욕적으로 집필활동을 해온 마쓰바라 이와고로 씨(니주산카이도 또는 슈운)가 2월 26일 사망했다"라며 마쓰바라의 임종을 정중하게 기리고 있다. 즉, 쇼와 10년(1935) 2월 26일 마쓰바라 이와고로는 70년의 생을 마감한다. 분쿄구 센다기 5초메丁目 요겐지 養源寺에 묘지가 있다.

마쓰바라의 하층사회 보고활동은 『사회 다방면』(메이지 30)의 출간과 더불어 끝을 맺는다. 그런데 이때는 고쿠민 신문사 재직 기간과 겹쳐서 마쓰바라는 메이지 30년대에 재차 사회소설풍의 단편소설을 다수 집필했다.

그 밖에 『반성잡지反省雜誌』● 외에 논문이 있으며, 메이지 말기 이후의 집필활동은 거의 찾아볼 수가 없다.

저서로는 본문에 열거한 것 외에 『신찬동양력사문답新撰東洋歷史問答』(메이지 35년 7월 하쿠분칸), 『여학생 입문서女學生の栞』(메이지 36년 6월 하쿠분칸)가 있다.

마지막으로 삽화 작가 구보타 긴센의 경력을 간단히 소개하기로 하겠다.

구보타 긴센久保田 金僊(金仙), 메이지 8년 9월 19일~쇼와 29년 10월 9일(1875~1954), 일본화가, 무대장치가, 본명은 기치타로吉太郎.

일본화가 구보타 베이센久保回米僊(米仙)의 차남. 형 베이사이米齋 역시 화가다. 교토시 나카교구中京區 히가시노도인東洞院에서 태어나

● 1887년 단체 '반성회'는 교토의 니시혼간사西本願寺에서 기관지 『반성회잡지反省會雜誌』를 창간했는데, 이것이 『반성잡지』의 전신. 1914년 중앙공론사가 됨.

아버지 베이센이 도시샤 영어학교(도시샤대학의 전신)에 개설한 교토부립회학교(교토시립예술대학의 기원)에서 수학했다. 베이센, 가와사키 지토라川崎千虎(1837~1902, 역사화가·도쿄미술대학 교수), 고노 바이레이幸野楳嶺(1844~1895, 화조도에 능했고 도쿄화단을 대표하는 화가를 다수 배출)을 사사했다.

아버지 베이센은 도쿠토미 소호가 메이지 23년(1890) 2월『고쿠민 신문』을 창간할 당시 전속 화가로서 교토에서 도쿄로 영입했다. 월급은 70엔으로 회사에서 가장 파격적인 액수였다. 베이센은 신문 삽화에 사실주의의 새로운 영역을 개척했다는 평가를 받는다. 청일전쟁때 고쿠민 신문사가 다수의 종군기자를 파견했을 때 베이센 역시 참가했다.

아버지 베이센이 종군 화가로서 청나라로 건너가자 긴센 또한 히로시마에서 사주인 소호를 따라『고쿠민 신문』의 종군화가가 되었다. 대본영大本營(전시에 천황 밑에 두었던 최고 통수부)이 히로시마로 이전해서 소호가 거기서 회사를 총지휘했기 때문이다. 긴센은 제2군으로 종군했다.

『도쿄의 가장 밑바닥』(메이지 26)의 발간은 이보다 1년 전의 일이었다. 마쓰바라가 하층사회 르포를『고쿠민 신문』에 연재한 것은 다시 1년 전으로 거슬러 올라간 메이지 25년(1892) 11월부터다. 호평을 받았기에 나중에 삽화를 첨부하게 되었다. 삽화는 긴센의 작품으로 간결하고 사실적으로 묘사했고 간혹 탈속한 운치가 있었다. 신문에 연재되던 때부터 인기가 있었던 『도쿄의 가장 밑바닥』이 새로운 원고를 추가하여 한 권의 책으로 나올 즈음, 신문 삽화 일부가 전재되는 바람에 새로운 삽화를 추가하게 되었다.

아버지 베이센의 연줄로 긴센은 어릴 적부터 고쿠민 신문사에 드나들었다. 메이지 8년에 태어났으니 『도쿄의 가장 밑바닥』에 삽화를 그렸을 당시에도 긴센은 십대의 젊은이였다. 될성부른 나무는 떡잎부

메이지 45년경 마쓰바라의 저택에서 마쓰바라 이와고로 가족과 요코야마 겐노스케의 아내와 딸 야에八重·고즈에梢(우측 끝의 모녀)

터 알아본다고나 할까. 아울러 메이지 26년 당시 이미 킨센은 민유 샤의 『가정잡지』에도 다수의 머릿그림을 그렸다.

그 후 긴센은 청일전쟁에 이어 러일전쟁, 나아가 '상하이사변'● 과 지나사변支那事變●●에 종군해서 많은 전쟁 사생화를 남겼다.

일본미술협회, 국민미술협회에 소속되어 아버지 베이센, 형 베이사 이와 함께 연극에 조예가 깊어서 무대장치에도 종사했으며, 화류花柳 무용연구회 등의 장치를 담당했다. 일본 무용협회 고문, 일본극하원 간사장을 역임했으며 또한 마쓰자카야松坂屋(다이마루 마쓰자카야 백화 점)에 근무하고 우에노점 선전부장으로도 근무했다.

편저에는 『시타야 우에노下谷上野』 『일본의 춤日本のおどり』 『무용의 상舞踊装』 『춤의 무대장치踊の舞台装置』와 기타 도안에 관한 것이 있 다. (이상 구보타 긴센에 관해서는『신찬대인명사전新撰大人名辞典』『일본근대문 학대사전』『민유샤 사상문학총서』에 의함)

1988년 3월

● 상하이에서 일본군의 침 략에 맞서 중국군이 저항했 던 1932년(1차. 일본인 승려 들이 중국인들에게 폭행당한 사건이 도화선. 만주국을 세 우고 황제 푸이에게 통치권 을 주어 청이 일본의 괴뢰국 으로 전락)과 1937년(2차)의 사변.

●● 1937년 7월 7일의 노 구교盧溝橋(베이징 교외) 사 건을 계기로 시작된 중일전 쟁을 일본에서 일컫는 말.

옮긴이의 말

　처음에는 "'경제대국 일본의 암울했던 시절'을 다룬 책인가? 재밌겠는데" 하는 막연한 호기심으로 고른 작품이었다. 그러나 작업을 진행할수록 백성들의 질기고 질긴 생명력이 놀라울 따름이었다.

　변변한 직업 없이 날품팔이로 근근이 연명해야 하는 사람이 대부분이니 다른 계층보다 환경이 열악하긴 열악했을 것이다. 하지만 이들의 생활상은 그런 차원이 아니었다. 이·빈대·모기가 들끓는 악취가 진동하는 기친야도, 다 쓰러져가는 집에서 서로의 체온으로 겨울을 나는 사람들, 걸레처럼 너덜너덜해진 옷 한 벌로 사계절을 나는 사람들, 버리는 내장·간·방광·혀와 살점이 붙은 생선뼈도 모자라 돼지 사료나 비료로 쓸 쉬어빠진 쓰레기까지 돈 주고 사 먹는 모습……. 놀라움을 넘어 그 살고자 하는 의지에 절로 고개가 숙여졌다.

그도 그럴 것이 종잣돈이라도 있어서 장사라도 하면 모를까 글을 깨치지도 못하고 전문적인 기술 하나 없는 이들이 할 일이라고는 오로지 몸으로 때우는 것뿐이었다. 산 입에 거미줄 치지 않으려면 만신창이가 된 몸일지언정 단 하루라도 쉴 수가 없다. 단돈 몇 푼이라도 벌려면 혹서든 혹한이든 온종일 몸이 부서지게 일해야 한다. 고단한 몸을 이끌고 귀가해도 알량한 하루 벌이에서 봉지쌀값·반찬값·땔감값을 제하고, 밀린 고리대 이자까지 내고 나면 다시 무일푼 신세. 설상가상으로 갖가지 명목하에 없는 사람들의 피 같은 돈을 등쳐먹는 고리대금업자와 인부들을 갈취·착취하는 알선업자들의 횡포까지 감당해야 하니, 삶의 여유와 재미 같은 건 깨끗이 포기한 채 살아도 가난을 벗어나기는커녕 오히려 대물림할 뿐이다.

더 무서운 것은 100년도 훨씬 전에 있었던 일들이 100년 후인 지금도 여전히 되풀이되고 있으며, 앞으로도 그럴 것이라는 점이다. 그것도 하층민만 그런 게 아니라 계층과 직종, 학력을 불문하고 온 세상 숱한 사람들이 돈 없는 설움을 감내하며 살아가고 있다. 언론 매체 사회면에 단골로 등장하는 기사만 보더라도 세태를 풍자한 신조어 말고는 그 원인에서는 별반 차이가 없다. 삼포세대, 88만원 세대, 신체포기각서, 쪽방촌이나 고시촌, 갑질, 열정페이, 비정규직, 거마대학생 사건처럼 취직을 빌미로 한 신종 사기, 온갖 편법으로 노동자들을 착취하거나 갈취하는 악덕 업자들까지.

한편 추악하고 유치한 인간 본성에서 비롯된 비뚤어진 특권의식을 가지고 힘없는 약자에게 자행하는 부조리한 작태는 갈수록 지능적이면서도 다양하게 진화(?)하는 실정이다. 돈이 곧 권력인 자본주의 사회에서는 불가항력적인 현상이라고 치부할지도 모른다. 하지만 최소한의 양심이 있다면, 가진 것 없고 못 배운 사람들이라고 해서 함부로 업신여겨서는 안 되며, 비열하고 파렴치한 만행을 저지르는 자들을 묵과해서도 안 된다.

그런 점에서 따뜻한 가슴과 올바른 가치관을 가진 진정한 지식인의 눈으로 소외된 계층의 실상을 알리고 대변한 마쓰바라 이와고로는 시공을 초월하여 참여하는 지식인, 깨인 지식인으로서의 사명을 몸소 실천하고 있다고 하겠다. 가난은 나라님도 구제 못한다는 말이 있다. 정말 그럴까 하는 의구심이 들긴 하지만, 인류의 역사를 되짚어봤을 때 시대마다 쟁쟁한 석학과 명망 높은 정치가들의 노력에도 하층민들의 삶은 언제나 고단했다. 장기화하는 전 세계적인 불황으로 서민들의 삶은 나날이 각박해지고 졸지에 하층민으로 전락하는 사람들 또한 증가하는 추세다. 게다가 지나친 비약일지 몰라도 본문 내용과 일맥상통하는 오늘날의 세태들이 남의 일인 양 수수방관하기에는 너무도 심각한 수준이다.

밑바닥 인생, 막장 인생, 게으르고 무능한 실패자라고 입찬소리하지만, 이 세상 누구도 절대 원해서 그리된 사람은 없으며, 당장은 아니더라도 언제 그들처럼 될지는 아무도 모르는 일이다. 소외된 사람들 편에 서서 그들의 이야기에 귀 기울이고 가슴으로 이해한 마쓰바라 이와고로는 이 책에서 남보다 많이 가지고 많이 누리는 사람들이 지녀야 할 참된 삶의 자세는 무엇인지, 또 그들이 실천해야 할 덕목은 무엇인지를 일깨워주고 있다. 모쪼록 여러분도 사회적 약자를 보는 새로운 시각을 기르고 따뜻한 마음가짐을 갖는 기회가 되기를 바란다.

옮긴이 김소운

일본어 전문 번역가. 옮긴 책으로 『모두를 위한 분배』『인체, 진화의 실패작』『바스러진 대지에 하나의 장소를』『제자리걸음을 멈추고』『춤춰라 우리의 밤을 그리고 이 세계에 오는 아침을 맞이하라』『국제정세 한눈에 꿰뚫기』『고흐 37년의 고독』 등이 있다.

도쿄의 가장 밑바닥

초판 인쇄	2021년 7월 23일
초판 발행	2021년 8월 2일
지은이	겐콘 이치호이
옮긴이	김소운
펴낸이	강성민
편집장	이은혜
기획	노만수
마케팅	정민호 김도윤 정승민
홍보	김희숙 함유지 김현지 이소정 이미희 박지원
펴낸곳	(주)글항아리	출판등록 2009년 1월 19일 제406-2009-000002호
주소	10881 경기도 파주시 회동길 210
전자우편	bookpot@hanmail.net
전화번호	031-955-1936(편집부) 031-955-2696(마케팅)
팩스	031-955-2557
ISBN	978-89-6735-936-2 03910

잘못된 책은 구입하신 서점에서 교환해드립니다.
기타 교환 문의 031-955-2661, 3580

www.geulhangari.com